學陽宅風水，這本最好用

全書彩色精印·圖文深入解說
學習陽宅風水·初學進階必備

中華星相易理堪輿師協進會
全國總會 理事長
張清淵◎著

序言

易曰：「一陰一陽之謂道。繼之者，善也。成之者，性也。百姓日用而不知。」風水地理由來已久，我們沿承堪輿學說而講究風水地理，信者恆信之，不信者以為無稽，見仁見智而無定論。

風水地理的學術，也可能像其他的學識知識，一樣成為智慧上的無窮財富，也可能是一知半解的成為求知的負擔，風水地理可分為我們居家與工作場所的陽宅與墳墓造葬的陰宅，一陰一陽而有一定之方法。

陽宅雖以陽宅為名，其實陽宅包含了住宅、店鋪、別墅、公寓、辦公大樓、三合院、山居小木屋、鐵皮屋或組合屋及景觀居家大樓等……亦有廟宇之建築有別於陽宅，但卻為陽宅，就廟宇而言也分為山上廟宇、平地廟宇，又有小神堂、鸞堂、精舍之分，更有基督、耶穌、教堂、教會各宗各派非常的複雜，而陽宅學又有居家內外之分，但厝之厝形外局易見易知，宅屋室內之裝潢佈置，則須登堂入室才得見其堂奧，於建築造作而言，厝宅之外局和形狀是為定局，不易更改；而室內之裝潢造作，大多還就建築結構之定局而施為，所以買厝造屋自然而然的講究個人情性之風格，並為風水地理吉凶之講究，形局為陽而可見知，理氣為陰而不可見知，只能察知感受，不僅於空氣之流通，採光之充足和流水之通順、水電俱備，更追求以有限之空間而為有效的無限利用。

拙愚嗜趣於風水地理之學，而更用心於陽宅室內外美惡吉凶的感應，發現俗語所說的「福地福人居」、「風生水起好運來」，陽宅竟與人之命運息息相關，順吉之人，必然居住福吉厝屋，運凶的人，往往把福吉的厝地，建作成不吉之宅屋，而成為招惡的建築，或將福吉厝屋改變成不良的厝形外局，不期然而然的招來財源受阻而導致破敗耗損連連，或財源不聚或來財僅成過手之財，甚或家庭失和、身體不健康、災厄連連！

我嗜趣地理風水而浸淫地理風水，並嘗有人謂其是接受財神爺之夢顯示而來，請我為其堪察陽宅風水地理之事誼，但無巧不成書的，是我與石碇五路財神廟主持許理事長昭男君相知相交甚篤，或常談風水地理，或坐談神道之事，有次至財神廟拜拜演講，返家後竟夢見五路財神要我寫一本有關「陽宅風水」之書流通，使人廣知財命居宅的相互關連而息息相關，民以食為天而以財養命，有財才能追求及提升食、衣、住、行、育、樂之品質。這大概就是財神爺之神靈顯赫指示，因此我就將此事告知財神廟住持許理事長昭男兄，並得許理事長昭男兄將其研究之心得，及其為人鑑相陽宅之經驗鼎力相助，以為助成此書早日成書而流通。

說的容易，想的簡單，一旦集稿落筆，竟是千頭萬緒，命理與命運互為因果，命理上的命運，就是您人生旅途的軌跡與道路，但居家環境與居家外面的週遭環境與您我的體內的氣場、氣息能量卻相融合而產生相生相剋之感應，因此風水的好壞與人生之吉凶相互呼應，本書不談命理而盡可能將我所知的風水地理有關居形外局的美惡吉凶，做廣泛而有系統的介紹說明，並補以室內外形煞之認識，再以本人數十年替人堪察陽宅之經驗，每發現其人之陽宅有缺點而加以重新佈局改造，或以傳統的陽宅厭勝物安置後，使其工作、財源、身體、家庭、事業皆能稱心如意，為使讀者對陽宅之學能有更多的認知，而避免因對陽宅之學的不知或一知半解，而誤居凶宅、凶地。或將原本吉祥之宅屋改造成凶宅或不吉之屋，而造成破耗與災難之發生，故本書以此目標來落筆，並以淺顯的圖文來說解，讓讀者一眼便能瞭解宅居之好、惡、吉、凶以達於趨吉避凶之道，今逢本書之付梓，特此感謝石碇五路財神廟主持許理事長昭男兄之鼎力相助，及至交好友陳啟銓老師、白漢忠老師熱心提供相關之照片和資料，謹此致謝，並感謝紅螞蟻圖書李董錫東君之熱心，有意發揚固有之五術學而鼎力促成本書之出版！

中華星相易理堪輿師協進會全國總會　理事長

張清淵（易陀生）謹序於板橋

目錄

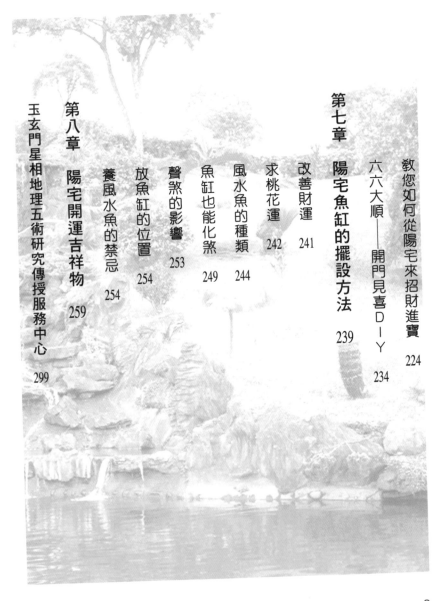

第一章

陽宅學可以改造您的命運嗎？

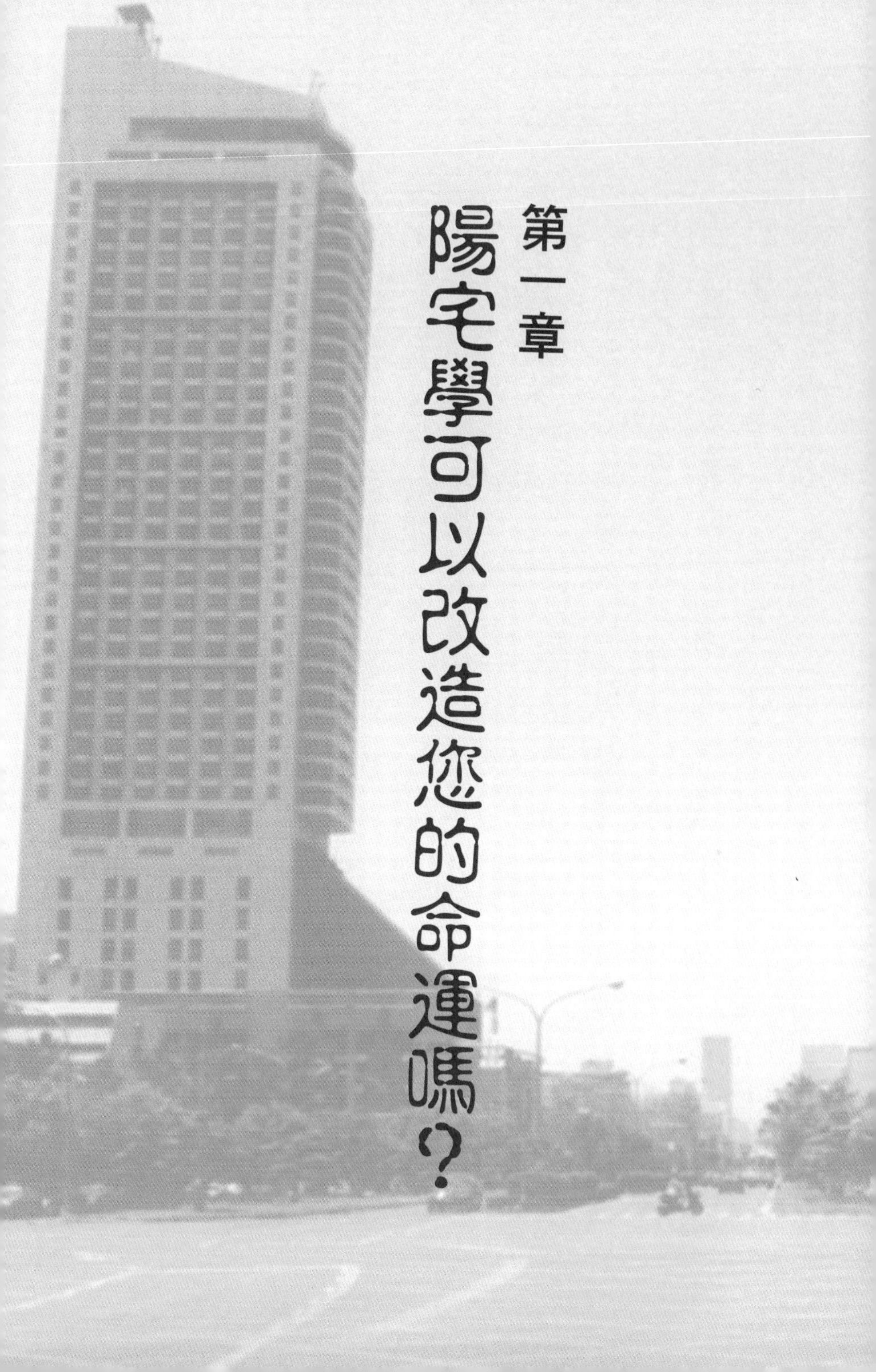

第一章　陽宅學可以改造您的命運嗎

在現今科學的時代，國民教育水平提高，關於陽宅學的流派很多，到底哪一派較好，要通達陽宅的基本觀念，對於外行人應該從哪裏學起呢？陽宅學乃中國人流傳數千年的學術，雖然以現代科學的角度來講，有人說風水是迷信的，但是近來不但中國人漸漸開發古人的學術而加以運用。同時也引起了西方國家的關注，著名的美國生態設計學家托德指出：中國風水共有鮮明的生態實用性，享譽全球的美國建築學家吉戈蘭尼認爲，中國的住宅、村莊和城市設計具有自然和諧並隨大自然演變而轉換的獨特風格。這些都充分說明了人類對自然，對風水的認識，產生一定的影響。

雖然流派很多，各派見解亦不同，不過任何學術都有這種現象，因此不同的人亦產生不同的觀念，各派的立論點也有不同，大致上可歸類爲「形勢」和「理氣」兩大原則。在形勢而言，大家較沒異論，形勢乃指陽宅周圍的大環境、峰巒、河流、通道、地形、地勢、地氣等等，根據不同的環境及水流動向組織安排佈局，故古人稱巒頭爲「形勢」。至於「理氣」乃是指房子的坐向、方位、氣口的五行八卦生剋原則，再配合奇門遁甲的選吉。如陽宅，首先強調的是本宅位置，周圍環境來路及方向，和氣候因素去建構有利於人們生活和生態的室內外景觀生態。室內的良好佈置及生剋的配合也可給人心裡有一種美的感受。理氣派的基本宗旨，簡單說來，就是根據河圖洛書、八卦九宮和陰陽五行的排佈規律，將天（日、月、星宿、氣候）、地（地理、地質、宅、舍宅、舍外圍景觀）和人（命、運、相）的「天地人」時空關係聯繫起來，分析其間相生相剋，運用羅盤定位，具體而細微地做出方向、佈局乃至動工、入宅、安神的日課的選擇。按照現代科學觀點，就是探尋天、地、人三個磁場的統一，故論宅卦不論命卦，論命卦不論宅卦，皆爲美中不足，應是兩者兼俱，方不偏頗。

陽宅若經過堪輿師的處理，對主人有什麼幫助？開運解厄？得名得利？或者是平安如意呢？這個部分很單純，如風水地理環境不好，依我的經驗如您家前後左右有鐵路或機場，每日都是轟轟作響，它所製造的震動和噪音與排放的廢氣，對一個人的身心健康影響很大，按照堪輿學來說，這是地脈不穩定而破壞了整個自然的磁場，又如後方有流水湍急的話，因前後水路一路通順的緣故而導致會湍急，山水嘩嘩作響亦會影響人的情緒，水有滲透力則會對地質產生不良不穩的影響，故對身心健康有所妨礙，且間接影響財運，因爲沒有健康的身體就會造成有官當不了，有錢賺不到，或者有事做不好等等之影響。如台北縣前幾任縣長蘇清波、邵恩新等，皆是因身體不好而辭了官。如之前的行政院長孫運璿，亦是健康不好而導致當不了官，可見好的風水地理影響身體的健康及官運、財運甚大。

若您居住的厝宅磁場安定，人的身心自然就安定，故可以讓您得名又得利，居住的磁場安定，人的身體自然就健康，因爲身心穩定可以幫助您各方面的發展。若談到改運解厄，它本來就是要如何改善我們的運氣，若風水不順、不採陽反採陰的話，居家環境陰氣過重、濕氣過重，或磁場不穩定就會對身體、情緒、思想產生不良的影響，因爲一個人一天在家裏睡眠的時間很長，若您家中的空氣不順、陽光不充足、周圍喧嘩不安寧，則會產生磁場的不協調，縱使一個再好的人也會受不了。故說到改運解厄，就是請地理師將您的居住環境作鑑定，改變流水的程式，而流水是除了讓您行動的方向與生活家具擺設的位置產生順暢以外，並且又可促進空氣的流通，空氣包括天地的氣與人氣，而天氣來自於宇宙的磁場，地氣如一般的土氣，再加上人氣後就可以達到「天人合一」功效，假若此三種氣不穩定，或者不能與人氣產生相契合，就會產生不順，磁場不好，身體就不會健康。

第二講法乃是看陽宅的建築，風水除了包括了陰陽宅的分別以外，其實陰陽宅乃半陰半陽，故其氣應是陰陽調和，若要判斷大廈之整體的堪輿形勢吉凶，則因大廈與個別的住宅不同，大廈是一個大體的格局，裡面的基本個體住戶，原則上以整個大廈的格局爲準則，在個別的判斷，基本上是以個體住戶的內部裝潢形式，配合工作生活習慣的流程，及活動方式來改變流程，或以個戶的門之方向，及房間內部擺設來改變調整空氣的對流，或以整個裝飾品或裝潢來安定磁場，因爲大廈都是鋼骨、鋼筋、水泥，這些都會對磁場產生干擾，因此應藉裝潢的家具、盆栽、水晶、魚缸等等擺設來穩定調節磁場，而顏色也可以稍微改變來穩定磁場。另外盡量使用木材，因木材一方面有保溫的作用，另外又有防止噪音的作用。

超高大樓又是另一種看法，如地板之板面，基本上在木板或夾層板內可放土在裡面，這樣散熱較快，人體的磁場與身體的物理密度不高，故遇到密度高的物質之時，人氣就會被吸收，而能量被吸收後可經木板裡的土把磁場穩定。超高大樓又會發生風切煞，會生出呼呼作響的聲音，會影響住在裡面的人的身心和情緒，因此應該有雙重窗戶不要讓氣直接灌進來，因此現今超高大樓皆有雙重窗戶，越高空氣越冷風就越大，故也應以間接方式讓空氣流通，一般超高之大樓的玻璃就沒人用透明的，都是用防紫外線的玻璃。房屋較低陽光可經過地上又折射回來，就沒那麼強，因爲超高大樓較高，陽光直射的面積較大，若像以前的矮屋當然較矮，但較不熱，此乃因爲陽光折射面積小與玻璃較少的緣故，因超高大樓乃陽光直射下來，如人在地下行走，不戴眼鏡還可以，在空中飛行不戴眼鏡則不行。雙重窗戶具有消音的作用，但空氣較不聚氣、不藏風，超高大樓有一個缺點是每戶人家門對門，導致氣流相吸則會產生口角，或是冷淡因而對面互不相識，門近在對面，出門入門電鈴、電梯的聲音都會影響，所以門對門需要靠裝潢來調整彌補。就如大樓的住厝格局一進去就是客廳。所以須設置一個屏風擋住正面與副門的沖煞，另外它也有隔音的效果。

若以較科學的方式來舉例回答一些陽宅上的問題，以便使大家更瞭解陽宅學這一門高深的學術，風水之學在中國流傳已久，民間社會早已將此當作一種改善生活環境，甚至求財、求子、添福、增壽的重要學術。

自明代以來，風水實際上是中國的建築原則，例如建築的方位與朝向、開門、安灶與安床位，以及與四周環境景觀的配置，都是風水先生負責安排的。

古代陽宅要求山明水秀，氣勢雄壯的山川更要考慮到它的選穴位置與周邊的配合，青龍、白虎、朱雀、玄武、明堂的結構和水的來去論述等環境，這只是從景觀心理去認識。若是從都市形象和自然景觀的觀點來看，風水所講究的就是建築物與自然的和諧關係，要順其自然的保持原有的景觀，否則就是搶鏡頭殺風景了。今天都市景觀空氣污濁，綠地消失，皆因環境與現代建築脫節，以致破壞了風水，破壞了自然。現代理想的住宅與環境科學有密不可分之關係，尤其有些風水中的作法與環境科學不謀而合，例如路沖、樑壓床、樑壓灶，均可用現代環境心理學來解釋，俗稱的樑壓床會帶來不吉祥的事，許多人有此顧忌，這是因爲古時中國房屋均爲木造，較不堅固，屋樑隨時可能掉落，若是將床位放置在樑下，每天睡在床上，人們的心理壓力很大。現代天花板上裝置日光燈，若是安放在床位頂頭上，也是會產生同樣的心理壓力。

再如「路沖」之說法，也可以用科學眼光來看，住宅大門若是面對馬路交通要道，由於來往車輛頻繁，自然也容易發生車禍，對人們心理影響自然也很大。

雖然風水的力量被認爲可以決定人們的健康、幸福和好運，但是風水所具有的準確性，乃是由於人們爲了趨吉避凶而對環境長期觀察的結果，著重的是工作場所和家庭的佈置與方位。

此外，根據中國人長期經驗累積，知道在何種環境之下，人們可以生活得更爲幸福和美滿，每個山丘、每道牆、每個窗戶，乃至每個屋角，面對不同的風水而有不同的影響，因此堪輿家便有不同的詮釋。

由此可得一個結論：如果您能改變與注意環境，便可以改變您的生活。所以陽宅設計的目的在於改變環境，並與環境和諧相處，以增進人類的幸福。

陽宅的設計，常有多種不同的用途與需求。例如一般居家的基本要求就是在於求平安進而才求吉利，門市店面首重所求的當然是能生意興隆，大發利市，而工廠重視的是安全與生產線上的順利，辦公室當然要求如何使員工和諧有朝氣，對老闆有向心力，使公司業務與財源蒸蒸日上大展鴻圖，而這些吉凶之分別，常不出於年命與宅向之間的微妙關係。

其實不論是中國或西洋論及命相與堪輿，它的原理根由，都在宇宙間的磁場作用，比如西洋占星術，利用天體中各行星對地球所產生的影響而定論之，中國式的堪輿則較爲細密的在地球上劃出方位，定出方向再與主事者配合來論斷吉凶，當然在命理方面重視的是時間的磁場，這種磁場在我們人的身上也經常可由自己發覺出來，比如說我們有時候一大早起床，就覺得今天心情開朗，做起事來也順心如意，但有時也莫名其妙的早上一張眼就覺得心氣煩悶，看到的人事總是不順心，這也是受磁場影響的關係，在心裡面產生了作用，這種磁場的反應在我們身上的就是一般所說的心氣，它影響我們的心情，影響判斷力，所以直接的說陰陽宅在空間上的方位方向與設計，就是要在宅相中把氣的順逆與純雜加以調整而已。

但如果本人常不住在家宅裏，而經常出差長時間住在飯店、旅社，當然飯店、旅社影響本人的氣會較大。所以說風水是您自己的氣與生活環境的氣之間的關係，講究的是那個環境是不是能使您的氣變得很和順、自然、平衡，不會造成一種偏頗極端，不會讓您一下子意氣突然激發，或是心理不順，或是健康不好。所以這個小環境的講究是非常重要的。

總括地說陽宅開運設計思想的原則是講和諧、平衡、開暢、豁通，使您內外調順，因而產生人際之間的和諧，自我覺得安逸，從大環境的設計、小環境的設計、庭園的設計、室內格局佈置的設計做起，也就是讓環境的氣與人身的氣和諧與平衡，以求人類生活的提升，達到人生最高的幸福境界，使下一代蔭生善良的優良品種，並且根除凶頑惡性，如此則對社會人類均有莫大的助益。

陽宅風水問與答

問：常聽到風水地理說納氣，究竟納氣爲何？

答：陽宅設計的風水理論，是建立在古代中國哲學「氣」的概念上的，古人認爲宇宙是由「氣」生成的。這種認識來源於人體自身呼吸氣息的事實，認爲「人活氣行，人死氣絕」。氣的重要性後來由人身推類於萬物，認爲世上萬物都是氣的生化結果，天上的星辰、地下的五穀，和人的福壽病禍，均與氣有極大關係。

我們可說氣是風水學最重要的組成部分，其理論和方法都是圍繞在藏風聚氣這個問題而展開的。不但人的活動是由氣所帶動，自然界植物的生長也受到地氣流動的影響。如果地氣流過一個地方的表面，由於氣很多又很強，在那上面的植物就會長得很茂盛；如果地氣從深處流過，由於氣小且弱，在上面的植物就會長得稀疏，甚至變成了沙漠地帶。從風水學的觀點來看，氣並不只適用於人與動、植物，也適用於一切建築物，也就是說房屋內外的氣之順或逆，對於居住在其中的人的影響極大，由此推衍出宅氣、路氣、水氣、形氣、橋氣、門氣、空氣，甚至於建築物的迴風返氣……等，用以來解說與判斷房屋風水的吉凶禍福，因此以爲宅外之收氣及宅內之調氣和門窗之納氣，以發揮風水上的取長補短之效益。

問：購買房子需要注意哪些地方？

答：這個問題範圍很廣泛，包括房子所在的地理環境、結構、產權持分、地政、稅務，還有內部格局、採光、裝潢、設施等，以及房子是否合於元運，來水方、出水方等，現在僅將一般應注意的地方說明於下：包括中古屋、成屋、預售屋。

1. 地段：影響經濟效益，地段好房子永遠都在漲。地段好壞可分兩方面來判斷：一是目前的情況，二是預期將來的發展。需要以不斷分析的高度技巧及配合實際的情況環境背景，以及精湛的堪輿學來判斷。

2. 格局：建築體是否方正，如有缺角，缺角在何處，有其吉凶顯像：如有斜邊，則巧在陰陽力線上，則保證一定會影響居住者，當然也會造成將來脫手不易！

3. 採光：主臥室及客廳的光源最爲重要，空氣光線需要充足，天花板太低則有壓迫感，四處封閉無窗、空氣不流通、光線幽暗、室內潮濕，不論方位再好，也難以企求平安健康。

4. 內局：房屋內部之規劃：是否一進門就見廁所，是否廁所剛好就設在門頂層上，是風水上忌諱的問題，而且改起來花錢又費事耗時！

5. 基址：河川邊緣，土質鬆軟之地，或地下水太大的地方，遇雨則發生走山等，必定會造成人財兩失，不得不愼。

6. 環境：宜遠離凶地居家大門或窗外正對著凶地，如醫院、殯儀館、墳場、監獄、廟宇、屠宰場、垃圾場、色情行業等，爲了子女的教育及居家平安，最好考慮避開。

7. 學區：國小、國中就讀的學區，影響將來孩子的升學，以及照顧的問題，通學的生活問題。

8. 市場：購物買菜，日常生活用品，亦需列入考慮。

9. 交通：是否方便？車輛出入道暢通否？是否備有停車位？

10. 外局：如路沖、路箭等，外局問題，並不一定凶，必須以理氣條件來配合，若條件配合得好，則不但不發凶，還能大發利市呢！

11. 房屋以外的問題：如產權、坪數、持分、使用狀況，亦都必須弄清楚！

12. 適用性：住家以住宅區、社區爲宜，辦公事務所則以辦公大樓爲宜。

13. 公共設施：完善否？圖書館、公園、綠地是否在附近。

14. 房屋的品質：是否有龜裂、滲水、漏水的痕跡，公寓房子亦得注意上層房子的排水管、衛生管是否就在自宅裡面看得見的地方，如看得見必不好。

15. 裝潢家具：有裝潢以及有贈家具的房子，搬入後立即可住，省下不少精力與金錢。

16. 看不見的問題：如房子以前曾發生凶殺案（即凶宅），或居住者不太平靜，待搬入後才發現，還要請道士驅鬼，這就頭大了。

問：同樣的一棟房屋，有人看見就一見鍾情，有人看見卻拂袖而去，爲什麼會有兩種截然不同的反應？

答：這就是「有緣」、「無緣」的關係！

問：那選購房屋就沒有客觀準則，完全憑個人主觀的感受嗎？

答：每一個人的個性、智慧、品味、需求完全不相同，所以在選購房屋的時候，當然會以自己心中的一把尺來衡量。其實這跟交男、女朋友一樣，旁觀的人認爲這女孩子或男孩子不夠正點，可是偏偏就有人「情人眼裡出西施」呢！

問：這也跟每一個人的運氣有關係嗎？運氣好，「瞎貓都會碰到死老鼠」，運氣衰，

「種瓠仔生菜瓜」。

答：選購房地產，確實有「福地福人居」及「福人居福地」的感應，運氣正旺的時候，閉著眼都可以找到興旺平安的好房子。不過萬一運氣不好的話，可能選到的房子會讓您的不好運氣雪上加霜，所以我認爲最理智的方法，還是要激發辨識的潛能。

問：什麼是辨識的潛能。

答：就是運用天賦的視覺、聽覺、觸覺、嗅覺、心覺來體會，觀察有形、無形的房屋風水來分辨其吉凶。

問：如何運用辨識的潛能呢？

答：當您觀看房屋時，運用您天賦的感覺，綜合出的第一次印象，也就是您最後一次的印象。俗語說：「內行看門道，外行看熱鬧」，就是說憑直接的反應，通常愈是直接，吉凶的感應也愈明確。

問：如第一次印象爲理想呢？

答：就是情人眼裡出西施，可以考慮買下它。

問：如果印象不好呢？

答：天下何處無房屋，再去另結善緣啊！千萬不要勉強自己，因爲印象不好的話，就算

住進去，心中也會存有陰影，還是不好的。

問：第一次印象不好、不壞，但是經過售屋小姐的花言巧語有些心動，到底怎麼辦？

答：此時千萬不要感情用事，離開現場冷靜思考再說！買房屋是人一生中的大事，應該非常慎重地挑選，不過「當局者迷，旁觀者清」，我認爲請一位專業的地理師爲您做一些鑑定，應該是最妥當的作法，否則一時衝動之下，買到不合適甚至不吉利的房子，那就後悔莫及。

問：我住的房子是租來的，房子的吉凶坐向跟我有沒有關係？會不會影響到我的運勢？

答：房子是有生命的，祇要是住了進去，它的磁場就和天地自然的磁場相互感應，隨著地運與時間在運行，房子的吉凶坐向和門戶的藏風納氣，有互動的地靈關係。因此房子是自已的也好，租來的也好，它的坐向、格局的吉凶，就會帶動了整個入住的人的運勢，要將住家如同照顧自已一般的才行。

問：如果租房子新搬入，前面住的人運勢很差，會不會影響到我？

答：要搬入新房子時，最好在前面居住的人搬走以後，加以清掃整修，再以法師祈福按照宮卦，在屋子中央點燃靜香末淨化，擇良辰吉時，配合屋主八字做房子住宅坐向的整合，如此可把以前的楣運給清除掉。

問：住家坐向與門向不為同一方面，在定方位看風水，應以何為準？

答：一般住宅以在房子的中央向前看的方向為基準，前面是南方，即以坐北向南論，大樓則以整棟的基座，地面的門向為準，所謂「靜宅不育，動宅主生」即需以樓層相生之法而論吉凶星，今整棟大樓為坐北朝南，但住家卻開門向北邊，則稱「末路」在北，則以向北而論。總之住家坐向與門向，在風水學上來說，與住家的吉凶禍福有著密不可分的關係。

問：大家族內有數家或數十戶同住在一起如何論斷？

答：若一個大家族內有數家或數十戶同住在一起，其斷法是以各戶的私門為主，諸住戶往來出入之路為用，看路之遠近衰旺，即知其氣之親疏得失。

問：人到適婚年齡，仍然未能找到理想伴侶，在陽宅風水學有無催婚之法？

答：先看家裡祖先牌位是否過高並且未供奉神明，這叫「陰盛陽衰」之相，當然陰陽不協調。再者適婚之女性勿睡陰卦方，適婚之男性勿睡陽卦方。

催婚辦法是有的，未婚者可在桃花位上養魚缸，缸中的水要八、九分滿或者用花瓶種植一些用水養的綠色植物，已婚者切忌用之。比如坎（坐北向南）宅的桃花位在正西方，如不養魚可安放桃花扇子催生姻緣，或以農曆新正之奇門遁甲求姻緣可助催婚。

問：如現已身懷六甲，但購入一間新的房屋，已經裝修完畢，若現在搬入新的房屋，會不會發生問題，若有問題有何方法可化解。

答：中國人一般都有翻閱農民曆的習慣，注意看裡面有註明胎神所在的位置，如要搬動東西最好不要搬動胎神所在的位置的東西。

另外要注意的是新的住宅的坐山立向，要注意五黃煞的問題，當然一般讀者無法瞭解五黃煞的所在位置，這需要找高明信任的堪輿師來鑑定，如眞的犯到五黃煞，堪輿師會用奇門遁甲、玄空大卦排一吉日良時來化解。

由一個環境遷入到一個新的環境，新居所的磁頻及聲頻會與原來環境不同，小生命如不能習慣，便容易發生問題甚至造成流產，所以在搬家時孕婦最好不要太勞累，更要多休息，如果有信任的法師可用安胎符來保護小生命的安寧。

問：住在五層樓公寓的第三樓，正後方有一棟五樓公寓，其地基出問題，有點傾斜於本公寓，但該棟公寓又沒有住人，想問這樣的宅相，會不會對此公寓的風水有所影響？

答：訣云：「但看金龍動不動，細察血脈認來龍。」其義所談陰陽宅之來龍去脈，若陽宅後棟有地基之變動傾斜，就意味著來龍有斷陷之象，再則傾斜壓迫本宅，產生煞氣其煞甚凶，不利本公寓之各件事，如要詳細論斷當須知其與本宅之互動關係及卦位等。

問：什麼叫做「歹厝底」的房屋？

答：簡單地說就是居住不平安敗財的住屋。

一、房屋的建地以前是池塘、湖泊或垃圾場，經過填土整地而成的住宅，地基往往不穩，雖然新建外表「水噹噹」，也算是歹厝底的房屋。

二、歹厝底也包括不乾淨的建地，例如醫院、墓仔埔整地改建的房屋，買房屋務必詳細打聽，慎重考慮才好。

三、不乾淨的建地還有過去是刑場、監獄或凶宅（曾有人自殺、凶殺案件或火燒屋而人死於內者皆為凶宅），這種地方累積許多怨氣，往往殺氣騰騰，均需要避開，否則「平生不做虧心事，卻怕半夜鬼敲門」。

《黃帝宅經》說：「地善苗茂盛，宅吉人興旺」。厝底的好歹直接感應在家人身上，這是絕對錯不了的。好的房子住進去就發財、添丁、升官，壞的房子住進去就破財、受傷、犯官非，千萬不可不信邪。由店面的房屋最容易看出好壞了，如果

「一年換二十四個頭家」，肯定生意做不起來，財氣、人氣不佳，這是典型的歹厝底，絕對不可鐵齒或貪小便宜，抱著買來試試看再說的心態。

問：還有哪些是屬房屋本身以外的「歹厝底」呢？

答：太多了，如：

一、選購住家總要睜亮眼睛，及運用敏銳的觀察力，以減少遺憾，房屋的產權不清楚，也就是另類的「歹厝底」。

二、應打聽前任屋主，住在這裡家運平不平安？財運好不好？人丁旺不旺？知道房屋的底細，然後評估值不值得購買，因爲花錢事小，萬一住起來不平安，甚至於損丁、損財那不是得不償失？

三、房屋附近有變電所、高架道路、鐵路、寺廟或政府機關及高污染的地方都要愼重考慮。

四、屋的前後左右有馬路道巷直沖，或屋角直設斜射是爲「穿心直路不相宜，直硬沖來是非多」，此爲容易惹上官非血光之災的「歹厝底」。

問：何謂青龍、白虎、朱雀方？

答：以站在大門口向前看，左前方是青龍方，主長房吉凶；正前方中間是朱雀方，主二房吉凶；右前方是白虎方，主三房吉凶。左前方太空曠或壓迫，長房不利；右前方太空曠或壓迫，主三房不利；正前方壓迫或陡削，主二房不利。

問：住家隔局不方正有何影響？

答：一、六親方面，西北方代表父親、西南方代表母親、東方代表大兒子、北方代表二兒子、東北方代表三兒子、東南方代表大女兒、南方代表二女兒、西方代表三女兒，不方正在哪個方位，表示此人在家緣淺，或沒有影響力。

二、身體方面，缺西北邊，會頭痛；缺西南邊，腸胃不好；缺東邊，肝膽、手腳筋路不舒服，眼睛也要注意；缺南邊，血液循環不好，心臟會痛；缺東北邊，腸胃和手臂脊椎要小心；缺東南方和東方同論；缺北邊，腎臟和泌尿系統易出毛病；缺西邊，呼吸器官功能差。可依左來右受，右來左受原則斷之。

問：羅盤有三合、三元和綜合各有不同，陽宅定針定的方位如何選擇一個好的羅盤？

答：自羅盤之製成，方位之說建立，始以地理之理氣以爲論吉凶之準則，羅盤是指出方向的工具，羅盤有三層廿四山，我們從外向內看，爲天盤（縫針），人盤（中針）、地盤（正針），正針格龍，立向，中針消砂，縫針納水。玄空是用正針。三合、三元和綜合羅盤都可以選擇。

問：爲何中國傳統三合院以坐北朝南原則居多？

答：中國的地理位置處於北半球，歐亞大陸東部，陸地分佈大部分在北回歸線（北緯23度26分）以北，一年四季的陽光都由南方射入。坐北朝南的房屋便於採集陽光。陽光對人的好處很多：一、可以取暖，冬季時南房比北房的溫度高1～2度；二、是參與人體維生素D合成，小兒常曬太陽可預防佝僂病。三、陽光中的紫外線具有殺菌作用。四、可以增強人體免疫功能。五、坐北朝南的房子由於受到陽光比較充足的照射，所以可以避免潮濕，對人的身體健康有益。六、坐北朝南的玄空元運比較長（因正合地磁的方位），佈局運作好搭配。

坐北朝南，不僅是爲了採光，還爲了避北風。中國的地勢決定了其氣候爲季風型。冬天有西伯利亞的寒流，夏天有太平洋的涼風，坐北朝南原則是針對自然現象的認識，以爲順應天道，得山川之靈氣，受日月之光華，如此可頤養身體，陶冶情操，而使地靈人傑，福及社稷鄉里。

第二章

陽宅實景解說篇

第二章　陽宅實景解說篇

一、山居的陽宅—藏風聚氣依山傍水

山居的陽宅要依山傍水最爲佳，又云：「前有魚池，後有竹林果園。」再配合三合院句龍現虎，才符合山居陽宅。

山居的陽宅以藏風聚氣爲主，以騎龍地爲主，也就是循著山脈而建，如建在山谷爲水破天心之局，後方又有淋頭水，必屬大敗局。此宅爲前民進黨主席許信良的祖厝，艮山坤向，依山傍水而建，所以人才輩出。此宅現時雖爲不當運之宅居，但亦不至於有所落敗，因巒頭形局非常之美勝。

余嘗思地理之學，乃天地之奧妙留以待有德者居之，因此不管陽宅或陰宅，若失去要旨，則節節皆差，得其訣竅者延延吉昌，因此不管平地或高山，到頭不離其化氣，總之，體要靈而秀，砂要抱而有情，水要朝而不蕩，如此必是陰陽協調而地靈人傑、家居樂逍遙。

二、屋形如十字形四角皆缺──家庭問題百出

居家大廈造形如十字形，以建築師理論爲「四面採光」光線良好，視野遼曠，居家一定很平安。其實是錯誤的，十字形的房屋採光雖好，但四角都有缺陷。

乾坤艮巽四陽卦都有缺失，也就是乾爲天門，巽爲地戶，艮爲鬼門，坤爲人路，四陽皆缺哪有生存空間，經查知後才知爲同居偷情男女在此居住者多，或者是居住後不久必是家庭問題百出，不是感情出問題，就是財務出狀況，或是身體疾病連連，要不然就是事業經營不善，一切功敗垂成也，因此可知天地有正氣，而氣者爲氣場，氣場者爲磁場，而磁場能量有好有壞，然而要接受好的或不好的天地之靈氣，是由人自招之，因此好壞剋應，亦須由人自己來承擔。

三、門面歪斜——出中風和駝背之人

這棟房子建於路邊已三十幾年了，門面歪斜如人中風後臉形歪斜，也似駝背之人，經筆者調查之下，果然此屋宅出了一個駝背的五十來歲人，本來沒有駝背，住久了變成駝背，也出了一個中風後嘴歪斜之人。

此種地形最好不要蓋住家，否則居家不安，錢也賺不到，賺到了也是留不住的，因此最好是把門面改正。

因優雅清靜的環境，才可創造出祥和與旺的宅運，發展出良好的因緣，而凝聚天地之間良好的靈氣，轉化為柔和的能量，化為光束，照亮您光輝燦爛的前途，改善您的人生路途。

四、二樓透天頂樓加蓋鐵厝—如棺材屋

人的一生充滿變數，因此一個人的成功絕非偶然，它取決於生命的過程中的生活點滴，而您如何從生活中的點滴突圍而出，因此您必須要找到一個有利的環境去提升您的自我，而您擁有了屬於您的有利環境嗎？

這種二樓透天的店面兼住宅，兩邊的直條紋看起來並不美觀卻無大礙，但頂樓加蓋之鐵厝是「騎樑式」如棺材屋，本來住家很平安，自從頂樓蓋成破局後，變成一敗塗地，很難收拾殘局。

理應把頂樓鐵厝拆掉，重蓋而成橫樑之「雙倒水形」就可保平安無事。

五、頭大身小又騎樑的公家開會場——溜尾厝

此公家的開會場，頭大身小，俗稱「溜尾厝」，每況愈下變成一敗塗地，而且又是直樑的騎樑地，在堪輿而言爲之大敗局，建造形態又不優雅、不壯觀和不大方，難怪使用率不高，最後只好「關蚊子」，浪費民脂民膏。

這種格局是無法改變的，除非拆掉重建，但花費那麼多民脂民膏，再拆掉重新興建，議會是不是會那麼容易就通過其預算是很難講的。

因此可知凡是顏色的不同及深淺的不一，或組合造型的變化，必然會產生出不同的好與壞的地理風水環境，然而所有的造型擺設甚至顏色的深淺，都是由您做決定的，但不懂裝懂，或不懂亂做，有時會禍害到衆人，因此選擇或做好陽宅風水，是一個讓我們可以共同擁有而發亮造福衆人的善因。

六、耳孔流膿的房子

此棟透天二樓的房子，它的右邊窗戶裝上了鐵窗，因年久沒有上漆而生鏽，鐵鏽水由窗口流出，在兩邊窗口如耳朵在流膿，果然宅主的耳朵變成「重聽」又時常流膿水。

此房子理應把鐵窗改爲「鋁窗」或「不鏽鋼窗」，才不會因生鏽而流膿，因此應把流出來的鐵鏽刮乾淨，再重新補上油漆就沒有問題。

由此可知厝宅的外圍環境，對人的身體也會造成深遠的影響，但一般時師如不具慧根，或沒有用心的去審查是很難勘察到像如此細微之小缺失，然而如此細微之小缺失，卻造成家主人身體不適，故居家風水地理磁場之好壞不得不謹愼也！

七、背後受敵──暗箭難防

前面這一棟白色建築物是在繁華的鬧區，本來做什麼生意都賺錢，後來後面又新建了一棟褐色的辦公大樓，又比白色屋高了很多層，而且樑柱有很多沖到了前宅，有如泰山壓頂之勢，從此一蹶不振，此宅曾經開過餐廳、大賣場皆不順利，到最後變成空屋。

此種重大形煞是無法修改的，因爲煞氣太嚴重了，除非是神威顯赫而欲救世之神靈，如五路財神爺，鎮宅設堂救世，否則只有拆除重建，並避開後面諸多樑柱刑沖，更要在本厝後種植一整排樹林以押解其煞氣，因此想要解決問題的人，首先必須要很清楚的瞭解問題癥結所在，如此您才可以消除障礙，而找到協調的好方法。

八、地形和建築物皆三角形，必然大敗無虞——火星拖尾

本建築物在鐵路旁是爲居家，地形呈三角形，在本地基上蓋透天樓而建成三角形，連旁邊加蓋建築物也呈三角形，而三角形爲火形地，火形地和房屋爲「火星拖尾」必敗無虞。

此種地形欲蓋透天厝，宜取正方形爲主，其餘的畸零地也成三角形，應加一道圍牆，高五尺二之矮牆圍成四方形，使邪鬼不敢視則可化煞爲權，藉權爲用，而轉化爲可賺錢之吉宅也，若又在厝內吉祥之宅位按奉武財神爺，則將可轉敗爲勝而大賺特賺，因財神爺喜歡火旺，如台東之炮轟寒單財神爺，就可知財神喜歡火旺之地也。

九、日式別墅成「名古屋」

在日治時代的有錢人，蓋了一棟二樓的洋房，住後不到三年一敗塗地，此別墅也是直樑的棺材屋，一般建築學以門和窗宜雙數，屋椽宜單數，樓拱也要雙數，樓梯宜單不宜雙，才能陰陽配襯，否則就會破敗，但此屋之建造除其形狀如棺材外，卻也是陰陽不配襯。

台灣光復後有一親戚住入，不久差點落井淹死，趕緊搬走，到現在已經空了數十年沒人敢居住。

讀者可從相片中得知此屋之建築形狀如棺材形，故稱之爲棺材屋，如再配合流年刑煞沖至必見有人傷亡。此宅之建築，門爲單數，窗亦爲單數，不合建築學之陰陽調和之象，主易出陰陽古怪，行爲怪異之人，或易有陰邪之靈入侵，故應修改門窗使之陰陽搭配，及將建築形狀改變，使其凶煞之形轉化爲祥和之靈動力。

十、破腦煞的居家大樓

居家大廈的中間部分凹下一個空間，好像頭部被人用刀剖開一樣，此爲「破腦煞」，如居住在此易有頭疼、腦中風之毛病，嚴重者易有破腦之象，甚至在工作事職上易產生半途而廢，當頭棒喝之災，此是爲「天斬破腦煞」。

此大廈如中間兩邊用鋼筋補上鋼架，再安上鐵皮，漆上藍色同顏色油漆，可以解厄制化，以化解此「天斬破腦煞」。

有很多人會問，人的命運是可以改變的嗎？要用什麼來改變？或怎麼去改造？其實人的出生年月日時的「命」是固定的，而人生旅程的路途，是您的生命中的「運」，則會隨著周圍環境的不同而有所改變，日積月累以後，使人體內的氣場在不知不覺中與週遭環境的氣場融合在一起，而產生了風水磁場吉凶，從而影響到人生吉凶。

十一、草菇寮變更成住家—孤寮

在台南之鄉下有棟土角厝的草菇寮，把廢棄菇寮改裝成居家，建個出入門，並蓋上黑瓦，又是直樑如「棺材形」主破敗喪亡，且房屋之坐向爲甲與卯中線，爲空亡線，澤火革卦，革者爲革掉生命，住沒多久，老婆死了，兒子車禍殘障，菇寮變成「孤寮」，孤孤單單一個人居住在此。

此種菇寮，以前是每天灑水，濕氣很重，形態又不好，理應拆掉重建。

您的成功，往往是因爲您能居安思危的準備好未來，以及您比別人擁有更多的經驗，走了更多的路，並懂得選擇好的生活環境，以激發出您的內在潛能或信念，並懂得取捨及掌控格局，以及能運用吉利方位，消除阻礙。

十二、居家住宅面向椰子樹—易患陰邪

門庭有芭蕉、椰子、大王椰、檳榔樹或柳樹飄飄等，易招邪入屋，而以獨立的一棵樹最驗，舉凡長葉子的樹木最容易招邪，房子又坐在空亡線上者，更加應驗。

如果附近有小廟（營頭公）、百姓公或神壇在門庭，又有椰子樹、柳樹最能引邪入屋，輕者腦神經衰弱，重者易得精神病，同時也可能出「神乩」或僧道之類。

故應選擇良辰吉日把樹木砍掉以去掉其煞氣，如房子又坐空亡線者，應把正大門改變爲吉祥方位，如椰子樹或柳樹不能砍伐，也必將正大門改爲吉祥旺氣方位爲納氣口，並依照陽宅之卦理，看適宜安奉何種神明，且在大門上安奉桃木靈獅咬劍，或在神桌兩旁按奉一對九頭靈獅以押解其煞氣，並可化煞爲權，藉權爲用，如此可使易患陰邪之屋象由衰轉旺而旺發也。

十三、三角型的房屋—破敗之局

此辦公大樓造形成三角尖，又是藍色油漆成一個等腰三角形和一個直角三角形，尖形屬火，藍色屬水，是爲水火相剋，此造形奇特的辦公大廈，可做地標，但實質確不理想，在堪輿論三角六尖屬破敗之局，而在建築設計上而言，三角形尖頂雖是「創意空間」，但並沒有任何作用，反而造成此宅易衍生是非、破耗、損財，是大爲不吉之造型。

人生的命運有高低起伏，因此要讓您的生活更美好，是要懂得珍惜與爭取，同時也要知道取捨的輕重，因此凡事應以眞誠對待生命，以熱忱對待自己，用眞心與朋友相處，不嫉妒別人，凡事盡心盡力，用心去做應該做的事，成功一定伴隨在您的左右，因爲選擇好風水的家宅可以自己決定，而好的家居擺設也可自己作主，連經營工商企業，都可由您自己選擇經營的方式，甚至於要創造一個新生命，您都可以擇日受胎懷孕及生產，因此，只要您今天做好萬全的準備，就不怕明天會不好。

十四、高級住宅形態不佳—易有爭執官符

此政商名人之高級住宅，造形不佳，前方樑柱「四腳落」，上方天窗開三個，好似「三目楊戩」頭帶紅帽，神通廣大，四腳落地如「哮天狗」，小門如「枷鎖」易患官非。

此高級別墅蓋後就遭人檢舉農地蓋自宅，或者蓋農舍，因建物坪數太大，農地太小，不成比例，有「違建」之嫌，官符連綿不斷接踵而來。因此應把柱樑改成兩柱樑，天窗改成二座，小門之枷鎖也改爲方形，即一切可逢凶化吉，而貴人明現也。

因此居於井邑之宅或是在城郭之宅，或居市廛，或居於井閧相連之處，要考其吉凶，應以街巷道路爲先，方隅門風爲要，而後再觀其水路，故辨宅之形模，審門戶之純雜漏氣，奪胎之機爲首要，故宅大所招之勢必遠，宅小所受之氣亦微，總以納氣爲重，故改一門而頓分枯菀，移一巷而立判災祥，其機可畏，其理至眞，此乃千古之經驗累積，不得不愼之。

十五、此屋如—瑪丹娜內衣外穿適合娛樂界

此大樓造形如內衣外穿，最上頂那個圖形之造形如皮帶扣，下方藍色如內褲，成三角形，好像瑪丹娜或者麥可傑克森在舞台演熱舞一樣「內衣外穿」。

這種造形的大樓適合娛樂場所，人潮不斷，如果當辦公室保證垮台，好像倒閉，被人脫到剩下一條內褲，不跑路才怪呢？

孟子曰：「天時不如地利，地利不如人和。」此即天地人三才也。

俗云：「天作孽，猶可違，自作孽，不可活。」

就像陽宅建築形狀的吉凶由人自取之理相同，因自作孽者，即是人道違天命也。天理者乃天之定律，或曰數：如天上有日月五星、九星、廿八宿十二位羅喉計都及干支時辰吉凶之謂，地理乃陰陽二氣，八卦之定卦，廿四山頭三百六十度江山河海之運勢吉凶之別，而人理者：乃上崇天、下尊地，中愛人而敬鬼神者，人有吉凶福禍之存在，生者有婚配建宅之禮，死亦有其葬之禮也，因此，內衣外穿亦不合生者之婚配建宅之禮也。

十六、高雄縣議會的圓屋頂

圓屋頂屬於義大利羅馬式的建築，高雄縣議會剛落成之時，屋頂是漆灰色，不久發生議長被槍擊而亡，有幾個議員也相繼發生意外，經探討才知羅馬式圓頂灰色乃墳墓在用，而灰色代表憂鬱和悲傷。

經專家建議改漆成「金黃色」變成金輝壁麗，吉祥如意，從此平安無事。

因此房屋之造形，甚至於顏色不得不小心的搭配，否則將在不知不覺中衍生禍端，眞是禍從天降，害從宅生，故身爲建築設計師或風水堪輿師應謹愼審用也。

天地人元分五行，陰陽妙談果然眞。
論屋體要論五行，靜裡乾坤不可言。
屋宅形體論生剋，門看出入吉和凶。
各得其宜萬事吉，反其所宜禍自來。
天地之理有吉凶，世間禍福由人招。

高雄縣議會

十七、名人之家暗藏玄機

名人之家別墅造形新穎，但是暗藏玄機，白姓歌星之家也是設計直樑屋，雖然有錢，但曾遭搶劫，也遭綁票又撕票，厄運連連而來，是否和陽宅有關……？

此建築一邊造形直樑屋，中間又有一孔好像可穿棍高抬之樣，右邊如虎嘴形，虎開口必傷人，圍牆又高過六尺如孔廟或牢獄，又在牆上安上四層障礙鐵絲網。

總之，人與家居住宅互爲感應，互爲因果表裡關係，而相宅如相人，正如《管氏地理指蒙》所說「形、神、氣」有無往來一氣的理論觀念相互結合在一起，就可得知其吉與凶，如宅相已俱形，則宅氣就已流佈於家居屋宅內外，而由此陽宅之氣、神、形即可斷其中之吉凶禍福也！因陽宅之建築形勢模樣爲有形可見，因其形勢模樣而產生納氣、排氣、迴氣、滯氣之象，其氣雖無形而有質，可以感知覺察，故形而有相可見藉之以相形察氣、辨神，如您能意會此中之奧妙，則將使您對陽宅風水學有一種嶄新的認識。

屋形者，屋之形勢也，屋形萬有萬像，或結五星之體（金、木、水、火、土）或成九星之式（貪狼、武曲、廉貞、文曲、破軍、巨門、祿存、輔、弼）前後左右吉凶形勢不勝枚舉，而富貴貧賤，官非疾病，窮通禍福莫不由此中出。

有良好的內外環境才有好的氣場，也才可以開啓宇宙間的靈氣能量，以開發人體的心靈祥光，使人之身與天地之氣連接，如此則地靈龍氣才有利於人的頤養以及治學，而使人的身心平和。慈靜、祥瑞之磁場散發出生生不息、源源不絕的柔光以讓我們的生命眞正成長。

宅經上溯稽皇古，地典三元總有名：黃帝千秋傳二宅，得觀郭撰已心傾；卜居誰得似周家，率西水滸岐山下；定址開基八百年，宅經論定原從卦；天生孔聖繼周文，記曾論宅一經存……因此，可知可見陽宅之學淵源流長，但至今流派繁多，涇渭不分，實乃學者一大憾事也。

十八、粉紅色的外牆和藍色的頂樓——水火相剋

透天的陽宅，在外牆壁漆上粉紅色的油漆，桃花一定不斷的入侵，但都是「傷心桃花」，因爲頂樓漆上了藍色油漆，因藍色主憂鬱和傷心，藍色爲陰暗之顏色五行屬水，而粉紅色爲火，變成水火相剋而產生內心的煎熬故爲不好的桃花，這兩種顏色的搭配不適合居家屋頂。

理應外面牆壁漆上乳白色純潔之色，屋頂漆上黃色或白色系列才好，由此可見風水地理實爲一門涵蓋天文地理景觀地質學以外，也包含了磁場能量的改變，因此只要是有光、有熱、有聲音及有顏色就會有磁場，而磁場自有好壞之感應。

十九、井字形屋，前後相通，宅氣太弱

台東卑南鄉公所井字形的辦公廳，中間大門直開而成前門透後門，井字中間加一點爲「丼」，稱爲「咚」，正如把錢丟入井中一聲咚，錢白花了，兩邊又高舉，好似投降，是爲「舉手煞」一切都完了，還有什麼希望，最後人離財散，四分五裂。

不知卑南鄉公所興建之時，有否聘請風水地理專家堪察？因此建議把後門擋起來，屋後之空地加高，前面之變壓器、電線遷移，大門入口加大，並改爲圓形門入口。

井門相對主淫亂，房屋前門通後門。
官司口舌暗傷財，灶窩如旗相對沖。
官非災禍大不祥，吉星生吉凶生凶。
天人一生本相生，八卦長生起福德。
吉凶分明昭昭現，速改屋宅福永昌。

二十、屋前八字水——卡散（窮）鬼

此屋建造成中間八卦形，兩邊護龍如兩腳開張，形如掀裙舞袖，爲歌妓之局，主男浪蕩女淫貧之格局。

如房屋之兩邊護龍開，又稱爲八字水，屋主必男盜女娼，一敗塗地，此種造形屋爲男主人自創，因男主人喜研八卦符令，但最後卻走火入魔，破敗走路。這種格局無法修改，除非拆掉重建，眞是自作孽不可爲。此爲學藝不精自害又害人之最佳典型。

門看出入吉和凶，陽宅擇居宜辨水。
水流八字主流財，閃門開溝蓄傷財。
若逢收水又不同，宅氣還憑水氣接。
應使水神無洩漏，運遇遷流宅氣改。
門風氣旺則宅興，速宜變宅諏吉利。

二十一、有虎無龍的三合院

三合院有虎無龍，又稱爲單腳煞，主女人當權，男人淡志，也主大房不利，女主人必身體向右傾斜，帶病延年之格也。

三合院爲正身之間，兩邊護龍各一間，如正身五間，左右護龍應爲三間才能配稱，有虎無龍女當權，有龍無虎父當權，因此在興建房屋上不得不小心，本屋之破解法，應在左邊護龍又修一間，使左右龍虎對稱也。

陽宅應審左右星，左青龍來右白虎。
應宜左右審虛盈，輔若虛星地元殺。
弼虛二運受災驚，青龍枯及白虎缺。
破敗病痛少不了，左右無缺福不輕。
有人識得此宅訣，急須修改免災殃。

二十二、探頭煞─出賊子

透天的陽宅，在頂樓加蓋鐵皮屋，又稱爲「探頭煞」，堪輿家有云：「前探出賊子，後探出母舅」，也就是探頭厝易出男盜女娼的子孫。

如在一排屋的中間頂樓加蓋鐵皮屋也稱爲「挑擔」，也就是由加蓋鐵皮屋之人負擔左右鄰居安危，屋主必然比別人更勞累，辛勞難免。因此想要加蓋頂樓最好約左右鄰居一起合併加蓋，否則後果實在不堪設想，凡宅有探頭山，四時防盜，若探頭在屋前出軍賊，凡宅後見探頭煞，主出淫婦。

我們有一個共同的夢，讓我們築一個美滿幸福快樂健康的家庭，讓自我來發光發亮，照亮您生命的每個地方，即生活的每一個部分，爲眾生解除痛苦，來啓動生命的靈動力，改善人生的路途。

二十三、門前雜亂，家庭不合

居家門前太過雜亂主家庭不合，門前有屋脊煞、厝角煞、水塔，也擺設了一堆雜物，因而家庭不合，時常吵架，身體欠安，錢財又不聚，時常發生意外車禍事故。

此宅明堂雜物，屬於別人的居家和空地，實在用任何方法也難破解，除非法力無邊之神明符令，否則任何人也沒辦法，但最好的方法，是與鄰居商量花錢把門前雜物清除乾淨，而屋脊煞則以神明之符令與陽宅厭勝物化解。

小石雜亂擋門路，其家說鬼時時著。

小口驚嚇體多病，氣絕聾啞人難免。

此屋門前有大石，住此屋房主墮胎。

口舌是非年年月，歲殺加臨災禍至。

二十四、反弓箭必損人丁

透天店面住家，蓋在反弓路上，對面又有電桿和牆角沖，形成反弓帶箭之凶屋。

新宅蓋後，有一人住在這裏金屋藏嬌，不到一年宅主把女子殺死後而逃逸，過了一星期後鄰居聞到臭味才去報警處理，並逮到兇手。

十年後又有人買下此屋重新裝潢，雖不宴客，但也是風光入宅居住，但住不到一年又搬走了。因此凡看陽宅，先看外形，宅形不一，吉凶各別，未入門，先看宅形，橫看、豎看，周圍八方有無凹陷坑坎，又看門前街道來路與水法，更看房屋高低是否合適，有無逼押沖射與空缺，此爲陽宅風水審察重點，陽宅外形衆目共睹，吉凶易辨，故陽宅諸書皆以外形爲第一而初學者亦須以外形爲重。

二十五、形如鳥籠，錢財守得住

此大廈形如鳥籠又如鐵絲網罩住，如一般陽宅易有牢獄之災，但如果是銀行或賭場和漁業界則可一網打盡，可收漁翁之利。

此大樓下方爲銀行，業績必然很好，上層爲住家，就沒有那麼幸運了，因此選擇良好的陽宅，亦須以業別性質爲基準，否則一切將徒勞無功也。

人有人相，宅有宅相，相隨心生，相因形轉，因轉而化，因有時成敗只在一線間，是智者與愚者之別而已，智者是能找到有利的環境來提升自我，或能夠針對既有的，現成的環境做妥善有利的應用，來改善自己的先天缺點，讓您邁出成功的第一步，讓您的生命眞正的有意義，讓您的事業眞正起飛。

二十六、前寬後窄爲火星拖尾

此店面建築，前方較寬，後方變窄，形成火星拖尾之格，凡在此地開店之人一定跑路，居住之人也會離婚，並有神經系統之毛病，兒子也容易吸毒，變成小流氓。

所以三角形之地最好不要建築房子，否則居家不安，人離財散，尤其在後面比前面更厲害，剋應也比較快，但如開刀箭業或葬儀社棺材店、醫院則無妨。

了解居家風水，掌握陽宅的內外五行，可化解一切無形的形煞，而免除一切不必要的損失與痛苦，如此您才可以掌握地利環境，而奠定了成功的基礎。

火星拖尾人口悲，前寬後窄最不宜。
住宅四時不安寧，悲啼敗財有嘆聲。

二十七、一柱擎天或是舉天插地

大樓設計成一隻尖筆型或如長箭對著天，如此冒犯了天威，形態雖很特異，但最後難逃建築商倒閉之命運，因尖形之屋雖美觀但屬火，因屬火之房屋一發即過，也是破敗之格，應儘量少用爲妙，否則流年一到凶應立至。

因此建議建築師在設計超高大樓之時，應考量不要設計成尖筆或長劍之形狀。

陽宅注重納氣及天光之法，如清朝先賢蔣氏云：

「陽宅之所收者外氣而已，山川風物，挹覽光華，雲奔電轉，其作用在土泉之表，而非求地之陰。」

因此可知陰宅乘地氣，陽宅爲首重納天氣。

而陽宅因宅向之不同，位置不同，它所感受及所納的天光也不同，而天光有太陽之光、月亮之光、星星之光，白天有光，黑夜也有光，因此接受到不同的光，其所納的是好、是壞、是吉、是凶之程度亦不同，而納吉即吉，納凶即凶，是故：

「天光落處皆生春。」

但天光之理可意味憑感覺而知但無形勢可察，因此，理氣必須要有形勢來配合。是故：

「理氣無巒頭不靈，巒頭無理氣不準」。

二十八、相撲的房子——兩敗俱傷

台東市有一位建築設計師，和友人買了一塊建地，自己設計成兩棟相對的房子，中庭共用，造型也一樣，其形如日本的相撲，兩開對照好似在搏鬥，結果形成兩敗俱傷的局面，兩家人都事業慘敗，房子後來被銀行查封，也賣不出去，只好全部拆掉留地，因此設計師最好不要犯了風水大忌，形態雖然很新穎很有創意，但犯了風水大忌，其災禍難免。

俗云：「形勢比人強」。因此陽宅形勢不同，必然產生不同的吉凶問題，故陽宅理氣一定要有形勢來配合，才能顯出其吉凶剋應之準確，而理氣除了要配合形勢以外，更應注重元運之當運與否？因此堪察陽宅應先瞭解宅基形勢，再審及門與路和左右前後高低是否當運，更應注意天光、水光納氣感應，如此福禍吉凶立判。

二十九、名人陳京淡水大別墅

廣播名人—陳京，在淡水山區蓋了一座大別墅，居住四年多，在民國九十二年三月廿八日辭世，享年才五十歲，一個非常有愛心，又有鄉土味的名人忽然遭此不幸令人惋惜，經打聽到現場考察觀看後，才知別墅有些造形不佳，對宅主影響很大。

此宅左右屋角沖射，坐未兼坤，並在結構體上方蓋涼亭，《宅經》云：「屋頂蓋涼亭必損宅主」，三間頂樓皆爲三角尖之翹角涼亭式，俗稱「三角六尖」損人丁。

人口都市化，爲了有效利用空間，現代的建築設計傾向於空間的利用設計，也因此出現很多難以數計的違異，大違古代傳統陽宅學之宅法，卻也因此讓很多人留下了難以挽回的慘痛經驗，因此在此由衷的奉勸，不懂陽宅風水之人，不要爲了圖一時之便，或爲了標新立異、或爲了與衆不同的創新之新鮮感，忽略了陽宅內外形煞所產生的災禍！

三十、蛇形圖案竟惹毒蛇入侵家園

此家爲農村住宅，其兩邊窗口劃了蛇形圖案，而且蛇頭還是三角形，每逢夏天時常有毒蛇入侵家園，主人也莫名其妙，因頭爲三角形屬於毒蛇類令人害怕，好在從沒傷過人，主人也用蛇夾捕捉後到山上流放。

形態如蛇又在鄉下樹林邊，每逢夏天蛇會入侵而且都是一對，是蛇的本性也剋應了兩邊窗口是蛇的圖案。

只要把兩邊窗形的鐵蛇圖案去掉即可，或安奉北極眞武玄天上帝，則可順勢而降伏龜蛇二神將，此爲因地制宜之法門，故陽宅千變萬化，巧妙在於心，心法再配合先天卦理，如天地定位、雷風相薄、水火不相射、山澤通氣，奇門遁甲術再配合乾爲天納甲，坤爲地納乙之大法，然後再以形勢與理氣元運格局一一詳考，則求財即可得財，求壽即可得壽。

三十一、招牌如斷頭蛇

護膚美容店的招牌，用了一塊光碟圖案，一段影片作爲圖案，好似一條蛇，因爲頭沒接連好似斷頭蛇，美容美髮業及色情行業最忌諱提到蛇和青蛇，只要在營業中，一提到蛇就會影響生意。招牌蛇形圖案已犯了行業大忌，再斷頭更是不吉利，結果開業不久即因色情案件，及店內發生打架事件而歇業，故陽宅之裝潢設計，亦應考量到營業類別不同，而做不同設計以免患了行業之大忌，否則後果不堪設想。

陽宅可分宅內動線與宅外動線二者，易曰：「吉凶悔吝生乎動」，由此可見，人、事、地、物一切之吉、凶、悔、吝，皆是從動中所產生，因此陽宅吉凶必須從動處論吉凶，門面招牌也是一個動點，因此時師不可不慎。

三十二、夾縫中的歲月—易有壓迫感及破財之象

建築商買了一塊地要蓋大樓，在地中間有三間三樓透天厝大約七十幾坪，建商出了高價也不肯賣，絲毫沒有商量的餘地。建商只好罷手，並請建築師畫圖和申請建大樓。

動土開工之後那三間屋主又說要賣了，建築商說太慢了，工程圖已經畫好，也送件申請好了，不能再更改，等到整個大樓蓋完成以後，此三間透天厝也沒價值了，因受不了三方的擠壓，造成居家不安，破財連連之現象，因此購買陽宅之時最好不要承購像這種「夾縫中」的房屋，亦有泰山壓頂的壓迫感，而造成精神壓力過大，居家不安或破財之象。

矗矗高高名嶠星，樓台殿閣亦同評。
嶠壓凶方死氣侵，抬頭咫尺巍峨起。
泰山壓倒也成凶，青龍白虎共壓頂。
官災口舌年年有，錢財破敗人疾病。
重重災害每相生，此事時師識見乎。

三十三、房屋長出大榕樹——易患陰邪之氣

大瓦屋的屋頂長棵大榕樹，可能是鳥類吃了榕樹子，鳥屎掉在屋瓦上，榕樹子發芽長棵小榕樹，屋主認爲很好看也不去管它，當作是「天上掉下來的禮物」，愈長愈高大，樹根竄到客廳柱下，屋主也認爲奇觀，不到三年變成榕樹屋，每到晚上陰氣就很重，只要在那個屋內睡上一夜，全身便會虛脫，軟綿無力，到最後只好三十六計走爲上策，搬出去爲妙。

因爲屋前有一片大廣場，租給人當修理車廠，屋內放很多修車工具，有天一個工人在屋內睡了一夜，結果全身發冷，發覺有人在拖他的後腳跟，從此以後再也不敢到屋內睡，《葬書》曰：「土高水深、鬱草茂林。」《雪心

賦》曰：「脩竹茂林、可驗盛衰之氣象。」《青烏經》曰：「草木鬱茂、吉氣相隨。」故在宅居植樹應依五行衰旺植之，以免犯煞。俗云：「宅前不種桑，屋後不植槐。」因此自古以來先賢就很重視居家植樹之法，以植樹爲障來遮蔽形煞之法自古有之。如楊公曰：「唯有下砂救得人，世代不教貧。」

如植柳九株以代青龍、植榴七株以代白虎、植桂九株以代朱雀、植榆三株之代玄武。

化解之道：

最好的方法是選擇良辰吉時，將榕樹砍伐以後，再請法師做禳解之法會。

門內若有大榕樹，年年瘟疾事相臨。

並主怪物入門戶，大樹壓門無少男。

屋頂枯樹出寡婦，大樹枕旁多驚惶。

樹藤纏懸樑翻船，時師須仔細推論。

三十四、嶇形屋—主破敗，精神毛病，離婚

屋形爲三角嶇形，主人必然破敗，精神病和婚姻不合而鬧婚變。

因爲此屋坐在空亡線上，火風鼎卦，其形又爲嶇三角形，而三角形屬火，心亦主火，主腦神經毛病，事業也必然如火燒而破敗，全棟建築又是紅磚色更加強火勢，所以房屋以四方平整爲吉，奇形怪狀爲凶，此宅之基本格局已定故無法修造改變。

因此興建房宅，應以四方平整爲主，否則所帶來的災禍是始料未及的，陽宅注重形勢，而形勢有內外之分，因此陽宅之外在形勢必須與內在格局形勢配合得宜，如此才可算是好的陽宅，因好的形勢對陽宅納氣，會凝聚天地的靈氣，而產生柔光感應，使您心生靈光，而靈犀互通而定心納福，吸納吉祥瑞氣以開啓美滿人生。

三十五、矮牆上有樹木會有人上吊

在屋前有一道矮牆，牆內有一棵芒果樹，此屋之人會有人上吊身亡，因爲樹木爲上吊之應，但上吊的人要踏上墊腳，矮牆爲之墊腳。

如前有直樹，樹幹有爬藤樹纏繞也主上吊，因形如麻繩索頸，此屋在屏東坐東南向西北火澤睽卦，是爲失運之屋宅，因而家中之人睽違不睦而失和，竟產生上吊之悲慘事件。

故應擇良時吉日把芒果樹砍伐，再重新立門向，或整個拆除重建，由此可見無論是一棵樹、一池水、一矮牆、一個盆景、一幅圖畫，甚至於宅內的門窗、油漆的顏色，都是您生活的一點一滴，但它也都有風水存在，因此命就是人生的圖畫，運就是圖畫中的色彩，而風水地理是時間與空間的科學，而選擇一個適當的時候，把您那彩上美麗的色彩的人生的圖畫，掛在一個很適當而顯眼的位置，會讓您人生的圖畫，光彩奪目，發出閃爍的光輝，開啓您美麗的人生，無往不利、如魚得水。

三十六、坡道上的透天店面—敗運連連

透天店面建在斜坡旁，必然會形成步步高升和節節敗退之兩極化形態，在斜坡上建店面在此居住或開業，以堪輿學的理論而言，馬路水的走勢往前流，是爲氣勢不停，又稱「騎龍走，卡散狗」，因爲氣勢未停，所以在此開店或住家，錢財留不住，最後跑路，整排店宅到現在已十幾年了，沒人敢在此居住或開店營業。

因此可知吉利的方位，可使您獲得強而有力的空間，使您可自我得到更新及信心，而展開事業發展的主控權，假若您是處在不吉祥的空間，將使您喪失信心與意志，因而失去開創事業的良好時機，蓋在坡道上的陽宅，會因馬路的坡度高低而影響錢財流動的方向，它象徵著財來財去的主因，因馬路上汽車奔馳，人來人往，就像流動的水一樣，尤其下雨時雨水會因馬路斜坡的高低而影響其流向，水主財，因此坡道與馬路是另一種形式的水，也應特別小心謹慎。

三十七、突出的外牆形如跳河——投江煞

這是一棟透天的店面，底層的柱子是正直的，二樓以上外牆突出，形成上重下輕，好像投江自盡一樣，又稱「投江煞」，此店面為四樓透天，頂樓加蓋鐵皮屋，已經廿幾年了，在此地開店者每況愈下，業績日下，最後倒閉。

這種透天店面有五十幾間皆不如意，如開店不是跑路，也是負債累累，此建築物是一體建造，無法修改，任何行業皆不適宜。

由於可知居家的風水，掌握宅居的吉祥方位，化解家居的煞位，以及掌控陽宅的內外地利環境和五行之協調，是任何一個想渴望成功發達之人所必須擁有的基本條件，因此選擇良好的陽宅，才能得到良好的磁場能量，以激發

出您的雄心、信心，發展出美麗、偉大、壯觀的事業及財富。

《黃帝宅經》曰：「宅者人之本，人以宅爲家，居若安，即家代昌吉，若不安，即門族衰微也。」陽宅理論在現代社會，再也不是僅僅於方位、朝向、神煞等等公式化的理則所能應付。在補習班學習幾個月，盡是在「理氣」上著手，開口閉口玄空、元運、太歲，旺山旺向，或到山到向，於「巒頭」功夫則全然不顧，也不是很瞭解，很容易將凶宅論定爲吉宅。巒頭不吉格的陽宅，或者是巒頭上有重大缺失，無論理氣方面是如何當運，還是無效，不異於求福而致禍。實踐者必須瞭解這些自然現象的物理和生化特性，進而學習應用來加以控制改造的理論。

探討人類活動的內在需求和外在空間的對應關係。如何以人爲的力量對大自然的現象加以有效的規劃、控制、改造，使生活空間變得更舒適、更方便、更符合人的生理需求是陽宅設計者必須學習的重要課題。

陽宅的選擇古聖人皆重之，更何況我們現今的凡夫俗子呢？

三十八、倒牌的路邊攤小吃

路邊小吃部為了吸引路人之注目，把招牌豎立起來但字體卻倒寫，又稱「倒牌」。

但店面之招牌一倒哪有生意可做，所以要做生意如要別出新穎也不要本末倒置，令人稱怪，做生意要腳踏實地，不能太過於強調噱頭，開創好口味，才能有口皆碑，否則生意還是很難做起來。

人生如戲，戲如人生，我們可以豐富生活，但是應該要坦然面對生活，為生活定目標，爲人生定方向，爲事業定理想，爲生命創造價值，而不是本末倒置的標新立異，祈求「以怪取勝」或「以亂取勝」，其亦爲亂象之源，不可不注意耶！

晉先賢郭璞《錦囊經》：「風水之法，得水爲主，藏風次之。」

陽宅《神搜經》心傳秘法云：「相宅之法以坐山爲主。」

《陽宅三要》則說：「積善之家，雖居惡向，拱對煞星，天道斷不令伊受禍，不善之家，雖居合命，合宅之宅，對照吉星，天道斷不賜以福。所以吉凶不應者，皆由善惡所主也。」

歸納過去的經驗法則，並融入目前生活體驗，經由調查分析，發現實際生活與空間構成，繼而累積這些經驗，思考並模擬出更適合現代社會型態，不斷研究適合環境的理論架構，在這個研究過程中最要緊的是所研究出來的方法之有效性、適用性與重要性，是有基本理論架構？或者是隨興而爲？或者是標新立異？以怪取勝？

因此心懷善念，認眞打拼，用心的經營，總比倒牌的更好，您說是嗎？

三十九、斷頭的天使，一事無成

有一庭園咖啡廳在門口上方，按了一座斷頭的天使，結果咖啡店經營不到幾個月老闆就跑路了，留下了很多的債務。咖啡店大都偏向洋化，而天主教和基督教的神要飛天，一定是在肩膀上長了二個翅膀，但用翅膀飛行比較累，因此可知中國的神仙手執拂塵騰雲駕霧比較享福。

因此我們應該從認知生命的意義，而知命，用命造運，因智者深知謀事之成敗不僅是靠努力，而是應用人類的智慧以爲對天時、地利環境的主導與掌握，我們把西方科技能量學配合東方五術文化的陰陽五行氣場之學，靈活於掌中，應用到您的生活中的一點一滴，使人們更懂得生命的意義與生活的藝術，而使得生活更加美滿快樂，如果您知道陽宅巒頭理論的重要性，相信您就不會在店門口按上一個斷頭天使而招來禍端。

四十、火把燭光，容易形成回祿之災

廣告招牌形如火把和燭光又在三角地帶，對面的房子容易形成回祿之災，色澤又漆紅色，因紅色屬火，而且是位於東南巽方，東南巽方五行爲木，形成木火相生，容易著火。

如在北方則可形成「水火既濟」反而使對面居家店面更加興旺。

回憶往事，無論好與壞，成功與失敗，中間都有其甜酸苦辣，而這些就是經驗，經驗可豐富您的人生，讓您的生活更多彩多姿，但如能記起過去失敗的教訓，就能減少幾分遺憾，甚至於可避免再次的犯錯，如此您就可把握先機，預防人生意外，創造幸福美滿人生。

四十一、刀鋸煞，刑傷難免

創意的辦公大樓，造形特異，帷幕玻璃採光良好，但此建宅分成五等分，上下和前後其形如刀鋸，此在無形中構成了鋒利煞氣之大樓，因此居住在此大樓之人刑傷難免，在此營運之公司也一定無法硬撐下去。

如果鋼鐵業，或者刀箭業來此開公司一定可以賺大錢，因為形如刀鋸，鋼鐵業也是火煉成鋼，不煞反而相生比旺更好，來此辦公必然鴻圖大展，大發利市。

各行各業都有其不同的發展方向之拋物線，及其所適合的能量場，因此藉助地理風水來提升鴻運，以改善人生之路途是屢見不爽，正是「良禽擇木而居」，因爲「風」是天地間的使者，及好壞的媒介和傳播，「水」是萬物生命的靈泉，因此，好山也就是好的風水環境，必起好風必生好水，如此才是風生水起好運自到，但風水輪流轉，好壞唯人自招之。

清初蔣大鴻論陽宅：

「門爲宅骨路爲筋，筋骨交連血脈均，若是吉門兼惡路，酸漿入酪不堪斟，外路迎神並界氣，迎神界氣兩重關，牆空屋缺皆難避，若遇殺風殃立至。」

《天元五歌》曰：

「人生最重是陽居，欲與墳塋福力齊，宅氣不寧招福咎，骨埋眞穴貴難期，建國定都關治亂，築城置鎭繫安危，試看田宅豐盈者，半是陽居偶合宜。」

因此陽宅與陰宅自古以來要合併論斷，不能缺其一，此即陰陽和而萬物生之徵意也，神而明之，存乎其人焉。

四十二、露骨煞，易患官符是非，筋骨酸疼

建築物的外圍牆壁，不可露出鋼骨，鋼骨和石塊一樣爲罡煞之物，露出鋼骨煞氣必重，宅主容易惹出官符是非或者筋骨酸疼的毛病。

有些宅主預留鋼骨，是爲了隔壁空地將來欲蓋房屋之時，可以共同使用預留鋼骨，以連接要新建房宅之鋼筋，如此可共同使用一堵牆壁以節省開支，有時一等十年、二十年空地還是蓋不成，因而鋼骨生鏽，如此使宅主容易手腳受傷或骨折或筋骨酸疼，理應將預留之鋼骨切割掉，再塗上水泥，舖上磁磚以保平安。

住宅的自然環境所包含的因素很多，堪輿上是以龍、穴、砂、水向五者作爲占斷的依據，它指的是山水大環境中各種組成因素，同時也包含小環境中的河流、水溝、來水、去水、樹

木、土丘等。

山川的堪輿形勢爲自然的山勢與水流結合而形成的聚局或聚會。山水的聚會分成三種，大聚會則成爲都會、首都，中聚會則成爲市鎮，小聚會則成爲鄉村、住宅。所謂的千里來龍的山水大聚會，指的就是「大地」的看法。聚落住宅的看法是指在小環境中的個別占法。

如厝屋不可建在殘破、傾瀉、歪斜、崩斷、土質鬆軟等不吉之處。而本案例是屬於人爲因素造成環境上的殘破、歪斜、崩斷，對居住者必然產生不利的影響。

凡是物體與物體之間，必有其感應律，凡是由一個全體而分開的各部分或各個個體，仍然繼續互相感應。

凡是曾經互相接觸過的兩物，以後即使是離開，也仍然能互相感應，而感應有好有壞，好的感應，其頻率可以連接好的宇宙能量場，使人的意識和潛意識發生改變，而帶來事業上及生活上良好的機緣，從而改變您的一生，因此居家的一點一滴都有磁場也都是風水，也都是生活的一部分。

四十三、挺胸的大樓，但前貼了一塊狗皮膏藥

辦公大樓，位居市區的三角窗地帶，形似挺胸，理應氣壯山河，可惜造形設計師，特把它畫上了一個胸前大膏藥的形態，表示員工和老闆拚業績因而致傷，在胸前貼了一塊大膏藥，如此使租在此大樓的公司，到最後棄甲而逃，您說悲慘乎？

理應把膏藥形態去除，重新配好線條，則可趨吉避凶，公司才會業績上升，大樓租售率才會高。

科學是可以有形態的，但是任何事物不以思考及邏輯爲標準的話，那麼無論是什麼形式或形態，都將會成爲迷信，因此迷信的是人，而不是宗教、命理、風水或學術。

四十四、斷頭大廈又樓下前後皆空

大廈爲造型美觀費了多少心思，也代表建築設計師的創意，但如犯了風水上的禁忌，那此心思變成反作用，創意也變成壞意與不如意。

獨棟大樓設計成三段式，兩邊高，中間凹下，形成斷頭煞，也就是凹風煞，下方休閒游泳池，前後掏空，哪能聚氣？銷售量下滑，此大廈爲住宅區，後來成爲租售區，最後竟變成一些大老闆金屋藏嬌之所，一般正常家庭住不慣，只好搬家。

其實風水地理每一天都存在您的生活當中，它是您生活中的各個部分之組合，如家居的建築形態、裝飾格局和內部的其中的一幅畫，一個琴音、一個魚缸、一盆栽、一棵樹、或各種擺設品，都是您生活中的一部分，您也不必擔憂它是否會對您造成不利，只要懂得擺設，不要把簡單的東西複雜化，能使生活和諧、快樂、平安即是好風水。

四十五、牆頭撞門成煞氣

別墅的大門口被外面圍牆門的牆頭柱沖煞正著，使別墅主人容易發生意外中風和家運破敗，政商名人遇此也是難逃一劫。

理應把牆頭遷移，莫使它正沖屋宅大門口，如此必能趨吉避凶，因牆頭沖入門口，使宅主啞口無言，受人惡言惡語中傷而氣壞身體，易造成中風腦溢血。

只要是存在的空間就有風水的存在，因此空間內的許多擺設、生活用品、或建築物，甚至於是一棵樹、一堵牆，都有風水的作用。因此無論工商、企業、家宅生活上所離不開的種種，都將有風水的吉凶剋應，因此期望大家能多花一點時間來認清環境，摸清方位，在您的生活中為自己的居家佈局多想想，使每一個人都可以從良好的風水居家而獲益。

四十六、高雄市議會的毛病眞不少

高雄市議會時常鬧杯葛糾紛，有很多人怪風水不好，在門前左右安上「大白石」也是無效，找不到其癥結之處，亂改一通哪能有成效？

經作者在前方高樓實地觀察，原來大毛病有二大項：

第一項：市議會頂樓是「直樑穿心」，人稱「棺材屋」，難怪凶惡連綿不斷。應改爲「橫樑」俗稱「雙倒水」才可保平安，否則白費心機。

第二項：市議會前之花園噴水池形成「反弓箭」形，必然凶惡連綿不斷，噴水池又成「倒梅花形」，俗稱「倒楣」，哪會好呢？應把噴水池更正。

風水又稱堪輿術，其實它是一門環境學也是景觀學、管理學，它涵蓋了天文、地

理、數學、生物學、地質學，簡單的說，風水指的就是時間和空間的一門科學。

時間與空間的關係

空間是指巒頭形局，中國式宅院以西北高、東南低為好。宅前最好有環抱的河川或池塘。凡地基寬廣，形勢方正圓聚，水所彎泊，脈氣聚會，明堂得水逆朝者巨富，得高峰映秀，合於理氣者大貴。所以，凡是順水而居者，主退敗。逆水朝向者，必招富。至於室內規劃設計、裝潢、施工、美化、綠化等，必須考察人的生活行為習俗、文化背景層面，在空間的構成做最適當的安排。

時間是指風水的擇日學，它包含了興工、動土的啓動時間和將來要開始啓用的時間，所發生的磁場所帶來的好與壞的影響，而其好壞的剋應，會在什麼時間內發生，這就是時間，而空間就是這個風水的環境包含了景觀設計之應用，以及地質適應能力之好壞，而引起了這個地理環境上，所產生對人的吉凶影響，因此不良的設計及不對的開工與啓用日期，將給人帶來不利的影響，不管個人之居宅或是公家機關都一樣。

四十七、大樓形如高射砲

大樓建造形如高射砲，對天開射，還有準星瞄準方位，對天不敬，可能是發射過多而產生高熱量，大樓的帷幕玻璃時常掉落，此大樓也是辦公大樓，租售率不高。

本大樓如果是做煙火，或者軍火方面必定生意興隆，因爲其形如物，鋼鐵事業和鍛造生意也必然大發利市。

古今地理眞旨，如仙家金丹口訣，歷代聖賢皆口耳親授相傳，不敢輕洩天機，先賢楊、曾諸公亦曾著書立說指示源流，但其精微之處，亦皆隱而不宣，必得口授親傳才能窺測其皮相。今以邪說惑衆或所學之短見或偏執之理來論說地理者，不下數百家，但古之建築形態，與今已相差千百里之遙，因此能識此天地化育之權，而掌陰陽禍福之柄，使禍福之門能自我掌握者實乃少之又少，然而天道之常，物有循情，體用分明，萬事自吉，此乃不變之理也。

四十八、白虎回頭，藥罐當頭

居家門前之鐵皮屋，形如「回頭虎」必傷人丁，堪輿名言：「不怕白虎高萬丈，只驚白虎闖堂來」。

本宅恰巧右邊之白虎正前方豎立有水塔形如藥罐，又如酒瓶，白虎吃藥必成病虎，白虎喝酒必成醉虎。如果酒瓶或藥罐在堂前，再配上不好的水路影響，使居住在此屋的宅主成酒鬼，或者藥罐不離手的病人。

金、木、水、火、土，五行是組成大自然的五種基本物質元素，這五種物質的基本元素不斷的轉化，於是形成了多彩多姿、瞬息萬變的大千世界，這其中有五行的相生也有五行的相剋，而相生是兩種物質相互間良好的催化促進作用，相剋是兩種物質相互間的壓抑與克制作用，好與壞，善與惡皆由此衍生出來，因而形成吉凶、悔吝、禍福之現象，而風水亦然，因此您家屋前屋後的一棵樹、一個水塔或任何一個擺飾、裝飾品也都有它的影響力？

四十九、頭殼抱在燒—得了大頭病

居家別墅形如雙手抱著頭殼在發燒，中間小窗似兩眼，左右大窗像雙耳，紅瓦厝頂像頭殼在發燒，尖斜屋頂如雙手抱緊頭殼，台諺云：「致著大頭病，頭殼抱著燒。」

大頭病就是參加政治選舉的抬轎者，也就是運動員，有錢沒地方花，有閒沒事做，才會參加選舉運動，試問候選人選中與否干卿底事？

常言道：「一個想成功的人必須要有天時、地利、人和三才的配合，缺一則不可，天地人神本爲一體，因此人要懂得生命掌握先機，取得進退與得失間的平衡，以廣大的胸襟和氣度去待人處世，才能夠擁有親和力而掌握格局，這好像與居家風水有不可或脫離的潛在因素，諸如此屋之家主得了大頭病一樣。」

五十、大樓形如廟堂及凶惡之兆

南部某別墅大樓，宅主橫發後，自地自建，請來設計師建造一棟大樓別墅，其形如廟堂紅欄杆，中間上方如開口獅，佔地六百多坪。落成後，宅主事業兵敗如山倒，終至一蹶不振，此屋也被拍賣，因價錢高，幾次流標，改成分割拍賣才賣出。

如中開屋頂改成平行不要開口，上下欄杆漆成綠色或乳白色則可平安，否則誰來居住都一樣遭殃，或者以奇門遁甲擇吉安奉神明，於本宅興旺方化煞爲權，藉權爲用亦可轉敗爲勝，但應先考察本宅坐向落於吉方或凶方，是否有當值之元運。

試看從古到今所有富貴之家，沒有不合三吉而能發福，宅有靜宅、動宅、變宅之分，陽宅之論法山谷與城市廟堂各有不同，廟者，天星也，何爲天星？上應天上之日月星辰，下司人間之福祿，如居凶方則凶，居吉方則吉，廟堂爲諸聖神仙靈所居之所，若宅居形如廟堂，又居於凶煞之方，豈是庸庸之常人所能平安而居之。

五十一、擺個屁股看人

這間三角窗的店面，改爲帷幕玻璃後，形如人的屁股，好似擺個屁股看人，假如臭臉擺在面前，而又開「花材店」生意必然不振。

如果賣「馬桶」、「衛浴設備」，或者「清潔公司」生意一定更佳，因爲形態和行業相似便可成功，否則必要修改門面，因此只要把三角窗的「凹溝」改爲「圓形」就能化解屁股看人之凶惡之象。

陽宅外勢除了要配合四周的地勢以外，所面臨的馬路街道水流、寺廟路橋等嶠星之遙對等皆屬於外勢，因此門面招牌也是陽宅動靜變化上不可或缺的一門課題，因此，宅之吉凶應內外配合，內勢與外勢互爲表裡以相互呼應，兩者兼備方爲不失偏頗，風水陽宅學與現代家居景觀設計學融合在一起，掌握地利環境必然能夠獲得良好的生活空間。

五十二、門面貼滿膏藥，遍體鱗傷

此座透天陽宅，由一樓至三樓皆貼滿膏藥，一可代表主家遍體鱗傷，二可代表事業已千瘡百孔，漏財嚴重。

居住在此屋的人，事業必然失敗，身體狀況也不佳，理應把磁磚換掉，重新美化，則可趨吉避凶，闔府平安，否則後人去居住也是一樣的發凶。

堪輿學又稱風水學、青烏術或青囊術，晉代先賢郭璞《葬經》云：「氣乘風則散，界水則止，古人聚之使不散，行之使有止，故謂之風水……藏風聚氣得水為上……故謂之風水。」清人范宜賓注：「無水則風到而氣散，有水則氣止而風無，故風水為地學之最重，其中以得水之地為上，以藏風之地為首。」風水又分巒頭與理氣，以為體用之關係，並用此體用以定生剋之理，以論旺衰吉凶之義也。如此好壞已判吉定已定矣！

五十三、室內不宜建圓拱門

圓拱門形如鋤刀煞，室內建圓門又有兩門直沖，易有頭痛、中風疾病，表示煞氣重，如爲廟宇之左右廂房則無妨，如建造在走廊花園有美觀與美化的作用，如果宅屋外見有形煞，可以圓形門來化煞，否則一般普通住家不宜建圓門，但屋外有形煞或屋內安奉有神尊則無妨。官衙、廟宇在大門或屋內則形煞不見，因爲它本身就有解厄制煞作用。本宅理應把前後門皆改爲四方形門可解厄制化。

何謂陽宅內勢，即是屋宅依內部之有限空間來做安排配置，使一切配合得當，避免空間的浪費，使屋內動線的安排適合生活所需，帶動氣流的交流感應是爲納氣，故《易經》曰：「吉凶悔吝生乎動。」是爲宅內吉凶之重點也。

五十四、大樓造形如暴露狂

此大樓形如兩隻大腿，褲子脫下一半，下方如男人的命根子露出，形如暴露狂，此造形當初設計師可能沒想到，這麼難看的卅幾層大樓，也能當地標，如果下房之屋簷不造成「三角形」也不至於那麼難看，因而造成此棟大樓的出售率很底。此大樓爲「辦公大樓」帷幕玻璃，出租率也不高，應把下面屋簷改成四方形或圓形，則能破解之。

一棟大樓陽宅，依生活機能用途之不同，而建成高低不同、形勢不同、寬窄不同、顏色不同之宅基，因此選擇宅基，最重要的是各種形勢要合宜，而定位立向要重八卦之理氣有否當運，如此形勢能合理氣，理氣也能合形勢，而乘位於天心正運之上，如此才能合於元運的變化，而掌握天心正運，將吉旺之氣納入厝宅中，爲我所用，如此才能奪天地造化之功而改變命運。

五十五、高雄市府形如豆腐，霖園飯店如菜刀切豆腐

高雄市府造形如「白玉豆腐」，右方虎邊的霖園飯店，形如一支菜刀，在市府的坤方地刑位，行運流年未申之年恐有災禍運至。

菜刀切豆腐，哪堪一刀，如在市府頂樓，做個駕煞的吉祥厭勝物造形，必能逢凶化吉。

陽宅是人們居住之所，養息之場，故而影響快速可見，陰宅爲先人骨骸埋藏之所，影響深遠，頃刻有玄妙變化之徵，故而有：「風水輪流轉，三十年河東、三十年河西。」而要瞭解風水輪流轉之法，即是時間配合空間之大法，亦即是巒頭與理氣互爲體用之法，不可偏頗也，故曰：「形勢無理氣之配合其應驗時間不準，理氣無巒頭之合其吉凶應驗不靈。」兩者兼備始臻圓滿。

五十六、議會殿堂屋頂內，如中槍淌血

南部某議會大堂內的屋頂上，其造形如「秋海棠花」，但過於鮮紅，花心中間有如彈孔，淌出鮮血。落成後不久即發生議長被人槍擊，中槍倒地，淌了一堆鮮血當場斃命。

理應將屋頂改成吉祥富貴之花卉圖案，如牡丹主富貴，蓮花主清廉，蘭花主高雅，以提高議會之富貴或清廉、高雅氣質。

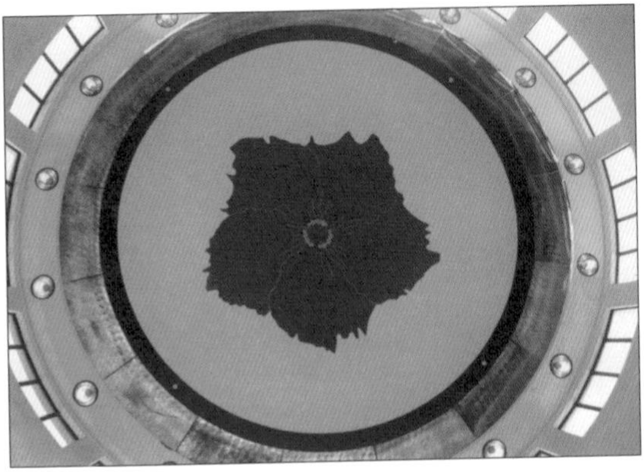

陽宅內部的隔間、裝飾、色彩、或安放生活家具及用品所餘之空間，凡是有顏色或是有光、有熱，或是能發出聲音的東西，都會產生磁場，因此凡是汽車、火車、飛機所通過而產生的氣場干擾，都會影響到住宅風水的改變，因此您家的裝潢顏色或一幅圖畫、一盞燈、一棵盆景、一件擺飾、一個風水輪，都是風水，都是生活，因此如何接收天地間好的磁場是陽宅風水所要研究的課題。

五十七、背後揹劍的房屋，主男盜女娼

陽宅屋後造一樓梯，可登上頂樓，在屋後看似一個人背後揹了一把劍，看像行俠仗義的武者，其實是男盜女娼的盜賊。此房屋主人當乩童，背劍如在操五寶，男孩子當流氓，女孩子下海陪酒賣笑。

陽宅應是內外之形俱佳，而修造之法盡善，再配合選擇得法，是爲體用兼備，則將可遠離一切諸凶禍神煞。因此樓梯應放置屋內，樓梯之位置也應擺對，否則宅主不平安，屋外擺樓梯皆不適當。

仔細相山並相水，斷山禍福靈如見。
六事陰陽細推詳，禍福皆在使用中。
千形萬象在其中，宅裡乾坤元中妙。
各得其宜萬事昌，反其所宜禍非輕。

五十八、眼眶紅紅，頭殼發燒的房子

透天的陽宅把門窗漆成紅色，眼睛爲靈魂之窗，因此窗就如陽宅之眼睛，如添成紅色就變成眼眶紅紅時常流淚，表示有很多傷心事發生。

屋頂也漆紅色，而屋頂又代表頭頂，又稱爲頭殼發燒，表示宅主時常頭暈腦脹。

原來宅主妻子時常鬧外遇桃花事件，宅主被氣得眼眶紅紅，頭殼發燒，但也是無可奈何，因爲宅主懼內，不敢吭聲，只好暗中流淚。

化解之法：

如把紅色漆改成乳白色或米黃色即可改善之，眞是所謂有法有破。

陽宅之學古代亦有稱爲相宅術，可以追溯到先秦時期，《詩經》亦多次涉及相宅之說：「公劉就曾陟則在巘，復降在原。」箋云：「公劉之相此原地也，由原而升巘，復下而在復，言反復之，重居民也。」

因此早在先秦時期，人們就講究陽宅佈局，如《淮南子》記載魯哀公「欲西益宅」史官力諫，以爲不詳。《風俗通義》解釋說：「宅的西邊不宜修築或擴建，爲尊者諱。」漢代之人甚講究居住環境，古代記載陽宅佈局的書籍有《木經》、《魯班經》、《三才圖會》等，但宋代李誡大量引用文獻撰寫的《營造法式》是建築技術的百科全書。

陰陽是爲陽宅地理之權衡，五行是地理之主幹，龍穴砂水向形氣，則端視陰陽五行聚氣之強弱。而天地靈氣造化是有跡可考，陰陽變化，在天成象，在地成形，其在天者，春天五行屬木青色、夏天五行屬火紅色、秋天五行屬金白色、冬天五行屬水黑色、四季五行屬土黃色，又其成形於巒頭者，以圓直之象屬木形、尖峭之象屬火形、頭平體方之象屬土形、頭圓體潤之象屬金、頭平生浪之象屬水，依此五行即形成相生相剋之道理。

五十九、四水流散—住久會跑路

一處山明水秀，視野非常遼曠，基地是在高山的平台上，不懂堪輿的人一定會以爲是好地方。風水最重要是環境學，如果環境不整理乾淨，到處阻塞，受到沖射，或遮窗擋牆，違反自然，不會是好風水，但是風水也不可以單一的條件判斷，必須全局看，甚至加上元運去全面判斷，在這裡景觀可以說是有山有水、鳥語花香。具足環境景觀學的最佳條件，可惜以風水的觀點來看，這裡卻是絕地。

風水講究的是「藏風聚氣」，建在高山頂上，曠野荒地，四方無依，沒有可擋風保護，易有風煞，又四水流散，更不易聚財，來此度假數日或許還可以，如住一個月以上，則必帶來反覆的命運，破財又多病，禍不單行。

六十、背水一戰，誓死榮歸

透天的住家蓋在大水圳邊，形成背後割城腳，也似背水一戰，楚漢相爭時「韓信」鼓舞軍人士氣，退到水邊，前面受敵，後無逃路，誓死一戰，雖打贏了一仗，但死傷很多。

此棟透天宅有二十幾戶，住進去不久，不是夫妻離異，就是事業失敗，或是災病連綿而至，現已沒人敢住了。

水法不拘來與去，無非屈曲有情意；
察其陰陽，相其形勢，
觀其流泉，則可知之。

六十一、澳門大賭場如鳥籠

澳門以賭場起家，本來是葡萄牙殖民地，現已歸還中共，每年最大之稅收是此賭場。其造形很獨特，似一個大鳥籠，賭客一進入好似鳥進籠子，被逮捕，要殺要剮隨人了，要想贏錢比登天還難了，據說也是堪輿設計師的精心傑作。

余嘗思地理之妙，乃為天地所留以待有德，亦前師所祕而不宣，失其旨者節節皆差，得其訣者延延是道。

因此凡建樓宇，不可無分賓主，不可無分坐向，亦不可以無知元運之當值？亦不可不考慮各行各業的性質及其所適合的能量場，知此則萬無一失矣！

六十二、菜刀煞

從上圖的大門口新建大樓，形如一把菜刀，大樓頂端的電梯間如刀柄，如果是一般住家主血光意外，所幸主建築前面有銅像，銅像周圍是圓形花圃，造形如一太極（如左下圖），可以化解凶煞之氣。再者，水路從主體建築往菜刀的方向流去，形煞明顯的在水口方，故影響雖不大。但主財源有被凍結而成拮据緊張之象。古人常言：「扭轉乾坤」，指的是命運流程所呈現吉凶成敗間的轉化與改善。地理風水實際所影響的效益是一種無形磁場靈應之轉化。而使人趨吉避凶，或藉以發財發富的求富貴壽之法門。

六十三、石獅金爐，出火煙在獅嘴對廟宇屋頂，主火災

廟宇實景解說篇

東港鎮海宮奉祀七王爺為大花臉，手執木棍，是元朝王爺，死後封神，每逢辰、戌、丑、未年東港迎王爺必經過此廟前，香火鼎盛。

鎮海宮在東港海邊，坐北朝南，新廟蓋後不久，在大陸訂做一隻大石獅當燒金之金爐，每逢在燒金紙時獅嘴就會冒煙吐向廟的屋頂，在民國八十七年（戊寅年）元月，有一瘋子，在半夜手提一桶汽油，放火把它燒了，使其內部全部燒毀不存，正是寅午戌三合火，經三年內部重建才好。

丙午火，兩火燒，屋頂前後兩行朝（如坐北向南之宅見有屋脊尖射（作火星論），在午（南）方凶。）午方獨有高峰照（石獅金爐嘴冒煙於南方吐煙向廟的屋頂北方）家招回祿（火燒）不相饒。所謂理氣，乃談論五行生剋，巒頭有缺憾而無能彌補，則吉中有凶，若巒

頭無缺憾而五行理氣不能配合，則反吉而成凶。巒頭即龍、砂、穴、水向之統謂，理氣即五行生剋運用之法，堪輿之道全然在於龍、砂、穴、水向之間理氣完善之配合。

陽宅如常年累月面對無形或者是有形的煞氣，久而久之造成心理、情緒的不能穩定，對交際人和、家庭情感長久下來都會產生難以預期的不良後果。所以，不論是住家、寺廟或營業場所，風水專家都建議避免住進犯煞的房屋，否則身體方面容易犯血光之災，以及有腦神經衰弱的傾向，常見口舌紛爭，嚴重者破耗損財亦有之。

工欲善其事，必先利其器

《太平御覽》卷十五引《志林》云：「黃帝與蚩尤戰於涿鹿之野，蚩尤作大霧瀰三日，軍人皆惑，黃帝得九天玄女之法，令風后法斗機作指南車以別四方，遂擒蚩尤。」又傳聞周成王時，曾將指南車送給從南方來朝拜的越裳氏，而戰國時期我們的先哲就已發明了指南車，當時叫司南。公元前三世紀《韓非子有度》云：「立司南以端朝夕。」《鬼谷子謀》云：「鄭人之取玉也，載司南之車，爲其不惑也。」到了東漢張衡作「東京賦」將司南改稱指南，創製記里鼓車等機械，惜已失傳，直到宋代才又有很多有關指南針之記載。

六十四、割腳煞的廟宇—香火中斷

中部某古老廟宇，因香火太過鼎盛廟埕不夠大，就在溪內立上水泥柱，並於上方舖上鋼筋水泥，使廟埕變大，但也因此變成了割腳煞，而使香火中斷，信徒全跑光了。

所以前埕如蓋在水溝上一定破敗，如前埕過小，應左右附近求地，不可在水溝上建築，正如此廟之建築，反而變成割腳煞，使其凶惡剋應難勉。

水流疏配若參透，必知其內禍福事。
路水割腳反者禍，架樓架屋相茅宅。
天機世事有吉凶，架屋須要論三堂。
九宮八卦與九星，修成住宅應吉良。
再論護厝之虛實，香火紀神立場所。
前留遺地作小靠，左右護厝無變異。

六十五、水淹金山寺，白蛇鬥法法海禪師

高雄市義民廟挑高的廟宇，兩邊做樓梯，正門口下方一般都建九龍堵，但義民廟建了一小廟，寫金山寺，內有法海和尚和兩小僧左右護法，白蛇白素貞駕一小舟，寫白素貞號，爲有名的白蛇水淹金山寺，鬥法金山寺法海和尚，生靈塗炭，說也玄妙，自從建後內部就時常內鬨，吵了二十幾年。

後來經名師指點，把金山寺拆掉，改建九龍堵後才平靜，香火也逐漸旺盛起來，因此神明菩薩之寺廟如香火欲鼎盛，還需要藉助好的天光與地靈磁場，就如台北縣石碇五路財神廟得天獨厚的得元寶朝金龍湧泉佳穴靈山寶地，才能如此神威顯赫而有求必應並香火鼎盛也！

六十六、割腳煞的廟宇—損人敗財

南部有一間香火興旺的廟宇，因爲廟埕太小，於是在溪岸上立柱，再安模板和鋼筋鐵條，灌上水泥漿，增加了廟埕，而此廟埕蓋在溪岸上形成「割腳煞」。

很湊巧的，在往後不到一年時間內，在前往福建進香時，因車子相撞後跌入溪中，淹死了十幾人，廟宇內的主持和兒子也都死於此次車禍中。

從此以後廟宇沒落，香客逐漸少，香火一落千丈，可見一時之不察因而惹禍上身，經過了七年，把溪岸外移，並造了一道護牆以後，香客又逐漸多了。

故風水地理可助人，亦可害人，正如水能載

舟，亦能覆舟，因而選擇好的風水地理師父，不得不謹慎，好的風水地理師可救貧致富、使人發財、旺丁、添福、添壽、造貴、造祿，但學藝不精之庸師，則可使人破財損丁、家道中落！

因水可反射光線，故水田在插秧時的水光、小溝渠的水流、水塘的水面，均是反光的媒介，而水光對陽宅之影響與馬路一樣，但路有高低，而水流亦有高低之形勢，而水除了有水光之反射磁場以外，還有水流潤溪在流動之時，因地勢有起伏高低，造成水流動，而產生了水波磁場的吉凶剋應。

因此，在水流之上，立柱建起廟埕，而使廟埕之樑柱正好處在水流之稜線上，日夜受水之侵襲流蝕，水波盪漾之磁場的沖襲，哪堪承受，因而造成有財則損財，無財則損身之象，不可不慎。

六十七、元寶朝金龍湧泉穴——石碇五路財神廟

石碇五路財神廟

元寶於本廟之前案橫拱，是爲祥瑞而聚萬財之象徵

財乃養命之泉源，金錢雖不是萬能的，但無錢則是萬萬不能，因此談起「發財」大家眼睛都會馬上亮起來，中國人尤其對發財這個字眼特別敏銳，與人見面第一句話常會問起：「目前在哪裡發財？」開春的第一句話也是「恭喜發財！」財神爺是掌管天下四方的財庫，每個人都希望財神爺降臨到我家，本篇陽宅實例爲引起

此爲本廟案山，堂局緊密，左右龍虎護衛，氣象萬千

讀者之興趣，就以財神廟爲主題作介紹，以陽宅的理論而言，廟宇的格局氣勢如果合於堪輿的巒頭理氣，尤其是合於形局的財神廟，必能所求如意。

緊臨於台北的聚寶山林，元寶福山中，座落於台北縣石碇鄉永定村大湖格路二十之一號，習稱爲石碇五路財神廟。坐西朝東，酉山卯向，三元坐地水師卦。

五路財神廟面朝山形如元寶的元寶福山，巍峨峻拔，特達尊貴，由東而西的辭樓下殿，起伏頓跌，重障疊翠的來朝迎此金龍湧泉寶穴靈山聖山，正是「元寶特朝金龍湧泉寶穴」，財神瑞氣郁郁金光閃閃，而南臨龜山迴龍，若馬馳騁，東閃西趨，曲折活動，砂回峰環，有如生龍奔海之勢，更如氣迴九轉之鈞，一路帶倉

從元寶山逆水朝堂，水聚三叉

帶庫的北接金山麗水，齊眺而前迎後送，佳氣分明的貫穿氣勢滂渤的東北海角，前有十八重溪之玄曲折有情的環抱本廟，如玉帶環腰，眞是「水城環抱發富貴」。

入首武曲金星豐滿雄壯爲靠山

金龍寶穴活脈中湧出活龍聖泉水

在這高山流水，鬱木蒼蒼，山峰旋迴合抱而藏風聚氣，堂局左右龍虎端正，羅城周密，水繞砂抱，四畔齊整，落脈分明，氣象萬千，再就前案，逆水朝堂，其案如元寶於前案橫拱本廟，是爲祥瑞而聚萬財之象徵，而武曲金星豐滿雄壯爲落脈入首結穴，地心活龍脈而又得天獨厚聖水泉湧而出，眞是大富大貴的人間仙境，身歷其境令人安祥娛目心曠神怡，這就是元寶朝金龍湧泉穴的石碇財神廟。當年建廟動土時，曾有令人匪夷所思的神蹟吉兆出現，從本金龍寶穴之穴心活脈中不斷的湧

元寶形金紙爐旁有觀音持寶瓶倒水

燒金紙時庫門可透視元寶山

出天靈性的活龍聖泉水，許昭男大師依夢中財神爺之神喻而於廟後加以整飾成爲「財龍聖仙水」之景象，使天賜之龍泉聖水從金龍口中泉湧而出，源源滾滾、綿綿不斷，雖乾旱亦不歇涸，財神爺喻令此爲「財龍聖水」，象徵財源順暢，錢水活絡，永遠利市；如取此「財龍聖仙水」置於家中財位，或者放置於生旺方的魚缸內，則有財源滾滾，財脈永存之感應，取回泡茶則甘飴清甜，如合藥則又可保平安而減少病痛。

廟前左側碩大的元寶形金紙爐，有「招財進寶，黃金萬兩」吉祥字樣，更神奇的是當善男信女每在燒金紙時，從兩側庫門可以透視前面元寶山，在熾烈的火燄中看見元寶正象徵著愈燒愈發、愈強、愈旺，產生旺盛的奮鬥進取精神。而使人財源旺盛，進而得到招財進寶之祥瑞郁郁佳氣。廟前左側爲北方，經本人指點，北方屬水，有觀世音菩薩持寶瓶倒水是爲水，而元寶形金紙爐屬火，達成水火既濟之功。

從中門望去則水勢往前傾瀉

元寶山卯水來爲桃花水－主香火鼎盛

五路財神廟，雖然初期廟貌巍峨壯麗，但仍猶有待進行第二期、第三期之擴建工程，預計需要龐大經費，以目前的堂局論斷，廟開中門，廟前停車場爲內明堂，地勢傾斜太快，從中門望去，則水勢往前傾瀉，而且內明堂與中明堂之出水不合乎三元奇門理氣之法，陽宅以水路論財，此爲本廟因後天之修建，而產生易使開銷花費加鉅，地理條件不足之處。如遇流年太歲沖動或塡實之年，必當主破財、投資失利，或耗損而導致官非接踵而來。

廟前環抱水，出水方有小水壩關攔，合於城門訣

再者，本廟坐西山卯向，元寶山卯水來，是爲桃花水，如是一般住家不喜桃花水，主易有桃花之事件及官非的發生，所幸本宅造是爲

寺廟可免此之訛。故卯水來與青龍方丑水會合，流歸於白虎方辰位出水，而寺廟有桃花水且又為逆水朝堂為吉，本廟目前有「向神借錢求發財錢」、「財龍聖水、引水發財」、「補財庫」、「五路財神聚寶盆」等特殊求財服務，而逆朝卯水與環抱丑水會局，再經水壩關攔，即所謂：「天門開，地戶閉。」此為天造地設自然形成之地理靈動力之奧妙，也應了山不在高，有仙則名，水不在深，有龍則靈，山明水秀，地靈人傑，洞天福地，神人居之則萬應萬靈，眞是福人居福地，福地居福人，天佑有德有福而居之也，實亦為不多見的好地理。

第三章

陽宅厭勝物實務篇

第三章　陽宅厭勝物實務篇

人類的生活方式即是文化的本質，依人類學者的說法，認爲文化是指人類在生活上的共同活動所創造出來的所有產物，從科技、經濟、倫理、政治、民俗、藝術以至於宗教信仰，都是文化的創造來源，中國人崇尚風水堪輿，舉凡住屋格局、坐向皆有一定格式。居民遇有疾病災禍，往往歸因於屋宅相沖之說，爲擋煞制沖，祈求住宅平安，各式鎮宅辟邪的器物、圖騰應運而生，這些生動有趣的辟邪物俗稱「厭勝物」，又稱爲「辟邪物」、「禳鎮物」、「鎮物」，辟邪的意義乃是指辟除邪惡，具有積極與主動的態度。「厭勝」一辭最早出於《後漢書・清河孝王慶傳》的記載：「因巫言欲作蠱道祝詛，以菟爲厭勝之術。」指的是一種武術行爲，後來則被引用在民間信仰上，轉化爲對禁忌事物的克制方法。宋李石的《續博物誌》中記載：陶隱居云：「學道之士，居山宜養白雞白犬，可以辟邪。」

人們爲的是要求能夠安身立命，故不得不建立自我防衛系統：一則爲內在心靈空間的精神防衛系統，另一種是外在環境空間的實質防衛系統。

大抵辟邪文化在精神的保護功能居多，爲使這些空間免於遭受風水煞或鬼煞陰靈、邪惡的入侵，這些空間辟邪物也應運而生。而辟邪物設置的位置，通常在河川池塘、街道通衢、村莊出入口或災禍連綿的地點，私人宅第，則可視所需要而設立各式的辟邪物，形成嚴密的防衛系統；也有認爲因犯沖嚴重，或將私設防衛系統往外推展至屋側、牆角或巷口，可以達到內外的雙重保護。村莊出入口或災禍連綿地點的辟邪物設置，則是經地方人士聚資或寺廟主持，就上述地點設辟邪物以求合境平安。傳統的辟邪文化在漢民族的民間信仰中，其內容十分的龐雜多端，種類也非常繁多，早已融入民衆生活中，展現了傳統民間的藝術風貌，也是建築景觀一大特色。

厭勝物參雜宗教世界的理想、神話國度的浪漫、大地萬物的遐思以及現實生活的意念，再配合藝術及美的創作，因而形形色色，意象繁衆，從屋脊上的風獅爺、門楣上的門神、八卦牌、倒鏡、獅牌，到牆、籬、廳堂的照牆、照屏、屋頂置烘爐、入口設照壁與刀劍屏，村落四隅佈置五營元帥、路沖安置石敢當，式樣繁多。材質上或木或陶，或雕或塑，造型豐富，神采各異。安置時則講求一定的儀式與禁忌，一般民衆多將之請到廟中，或聘請道士法師到家中作法，或者是由有經驗的地理師根據陰陽五行、八卦方位來做最適宜的配置，將無形、有形的防衛結合在一起而發揮威力，以開啓靈性。地方大廟更擴大防衛範圍，肩負區域聯防責任，環環相扣，以爲防止邪煞陰靈、鬼魅疾病、災害等對人體及性命所造成的侵擾與傷害，進而祈求人身的健康、平安，以增加財福之氣爲要，是爲陽宅厭勝物之發展由來。

一、麒麟守屋宇

麒麟乃傳說中之神奇動物，與龍、鳳、龜並稱「四靈」，是仁慈和吉祥的象徵。

在民間傳說麒麟是送子的神靈，據說是因爲孔子在出生之前，有一隻麒麟來到他家口吐玉書，上書「素王」，即聖人有帝王之德，而未居其位，這就是「麒麟兒」的來歷。

家宅安上麒麟在兩邊，有鎮宅吉祥、旺人丁、生貴子，大富大貴之意。

二、直樑棺材屋的海產店，安贛番扛厝角

在東部有一間海產店蓋鐵皮屋，直樑如棺材形，生意不好，經堪輿師設計，擇一吉時良辰，安置一座「贛番扛厝角」後生意變得很興旺。

俗語說：「有法有破」，只是技巧不同，一物剋一物，也是經由應用生生不息和相生相剋的原理所變化而來。

三、左營蓮池塘龜山和龍虎塔

左營位於高雄北方，在清代名爲古城，是文人會集、地靈人傑之地，北望半屏山，南望龜山，有孔廟和多家香火興旺的廟宇，中間爲蓮池塘，據民間傳說會出帝王之尊。

蔣家時代怕左營人才輩出，江山難保，在龜頭頂上蓋了一座「永清塔」，好似龜頭被樹釘住，又在塘邊建兩座龍虎塔，壓住地靈，從此左營人才不出，現永清塔已拆掉，但龜頭後方開了一條大道，把龜頭砍斷了，也於事無補了，眞是時也、命也、運也，天命之所繫也，而非人之所能與不能也！

四、工廠大門牌樓的藝術

高雄小港區世全路有一家鋼鐵工廠，生意非常好，老闆曾擔任國際獅子會總監，這家工廠名叫「世全鋼鐵公司」，老闆爲洪萬生，而世全是他父親的名字。

他工廠牌樓有二眼和二耳，雖然洪老闆說這與風水無關，但洪老闆也說這是經由神明指示而做的，但很奇怪的牌樓造成後，財源從此滾滾而來，生意比以前更興隆發達，眞是眼觀四方，耳聽八方，資訊靈通大發利市，而進四面八方之財也！

五、山牆上的瓦鎮和八卦牌

金門文化承襲自大陸，因時代的變遷，物質與精神層面基本上亦是與時俱進，差異不大，但一隅之島的金門，在島地的生活特性下，卻也創造出了深具地方色彩的文化特色。

在金門澎湖的古厝，必須造有山牆，以分內外，並在牆上安上瓦鎮和八卦牌，且幾乎是家家都有，據說這可作爲鎮煞護宅之作用，預防邪魔歪道的入侵，也可抵擋厝前的屋角、小巷、柱子的沖擊，進而達成闔家平安，居家和樂的作用。

六、反弓路口的土地公廟

在此處大轉彎的反弓路上，因時常連綿不斷的發生大小車禍，因此經村民請示神明後，在路口蓋了一間土地公廟，廟後種了一棵榕樹，從此以後果然車禍就很少發生了，就算發生也都只是小擦撞而已，您說神奇不神奇？

愛因斯坦有言：「科學不能領導人生，領導人生，仍有賴於哲學。」而易經將萬物演變之過程，定於數、著於象、窮神知化。故宇宙在乎手，萬化生乎身，故聖人明示三才演變之道，而以人事順天休命，知所適從所謂適者生存，因此適應環境之法生焉。

七、牆上的北營將軍

五營將軍安奉在住家的牆壁內，眞是太稀奇，而爲何會如此的把五營將軍安在牆壁內呢？

經打聽後才知在枋寮有一座保寧宮，當年安奉北營將軍之石碑，但因侵佔到了私人的土地，後來主家要蓋店面時，也不敢大意的拆遷北營將軍之石碑，後經神明的指示，才把牆壁蓋在石碑上，雙方和平相處，形成一個很奇怪的建築物，但人住起來卻也相安無事。

人類學之父—英・泰勒（E.B. Tylor）對宗教定義，認爲是「對神靈的信仰」，因此，衍生了學者對「一切宗教的共同特徵，就是把人類社會關係延伸到超自然的事物和力量」的認定。

八、澎湖西嶼鄉鎮護村莊的——三仙塔

此三仙塔立於澎湖西嶼鄉外垵村左側山頂，居高臨下，遙望村莊，鎮護碼頭，乃外圍防禦系統，爲該村溫王爺公立的。

塔中嵌上石碑於中間那座，淺刻有「玉皇大帝勒令溫府王爺添丁進財鎮煞，合境平安」之令。

《地理三字經》：「若方員，倉庫地，浮水面，最爲貴，爲國印，得地位。」

九、陽宅鎮煞物

陽宅鎮煞物（又稱厭勝物）有很多種，但以八卦造型者最多，其他有凸鏡、凹鏡、水晶、文昌筆、葫蘆、八仙、犁頭、刀斧、山海鎮、風獅爺、石敢當及桃柳雙劍（枝）和桃木靈獅咬劍……等，不勝枚舉。

人們習慣於將宇宙萬物視爲和諧的整體性，而將不和諧的事物視之爲社會禁忌。因此民間信仰中普遍存在著一些習慣性的禁忌、習俗，和對不可知的恐懼，自然而然就衍生出剋制禁忌的方法。克服逆境、祈求心安、遠離邪惡，是設置鎮煞物最主要目的，爲保護聚落、廟宇及屋宅免於風水侵害或鬼神入侵，使居者平安順遂而康寧和樂。

十、符咒碑

民俗制煞物的法力，除了有來自於造型和傳奇外，都必須經過紅頭法師的開光和「豎符唸咒語」的宗教儀式，才具有神力。

唸符豎立符咒碑，首先必須要擇日，再備好三牲酒禮、水果和上等中藥精製香料（如玉宸齋神香），再經法師的請神及敲鑼打鼓後，再勒符水清淨等宗教儀式，當然可以用書寫，也可以鐫刻在石上，立於門前或巷口，皆有其辟邪除陰、鎮護的作用。

十一、裝飾用的吉祥物

吉祥厭勝物除了有鎮煞除陰、辟邪，及保平安鎮護的作用以外，也可當裝飾品來擺設，可掛在牆上，也可掛在車上，近些年來裝飾作用反而比制煞作用更大。

澎湖及金門一些旅遊點也有不少專門製造裝飾用的吉祥制煞物，供遊客購買當紀念品，增加室內的古色古香和吉祥氣氛。

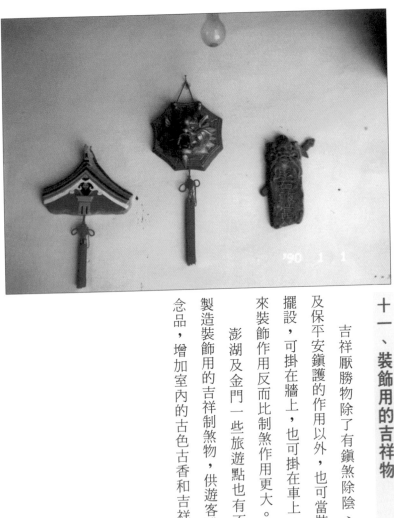

十二、山牆上的瓦鎮和仙人掌

瓦鎮以兩片瓦豎立成三角型，瓦面畫上八卦或符咒，有解厄制化之功，在金門古厝尋常可以見到。

仙人掌耐旱性很高，在山牆屋頂上，得晚間的霜露之水即可存活，其肉多汁，少葉而多刺，史載仙人掌可辟邪和禦火之功，種於田畔以止牛賤踏農作物，或植於牆上以避火災。

十三、屋牆厭勝物—牆門辟物

「牆門辟物」是在房屋造成後必造圍牆於四周環繞住宅，形成基本的防禦作用，牆上開門以便出入，稱為牆門，中隔著天井與正廳相通，故牆門的位置非常重要。

在台南和金門古宅，牆門都安上瓦製的「八卦圖」以嚴防鬼魅入侵。

《易經・繫辭下傳》第二章有言：「古者包犧氏之王天下也，仰則觀象於天，俯則觀法於地，觀鳥獸之文，與地之宜，近取諸身，遠取諸物，於是始作八卦，以通神明之德，以類萬物之情。」

十四、金門的文臺寶塔

《金門縣志》記載文臺寶塔，是由明朝江夏候周德興建於洪武廿年，作爲航海標誌。

民間傳說明太祖朱元璋命江夏候駐守金門，江夏候奉命以來，即在金門各地觀山看水，並視察防務，當他行至寶塔附近時，發現此處山水，瑞氣盈繞，鍾聚天地的靈秀，待他仔細觀察後，原來此處是正龍騰寶穴，可孕育天子的風水，心中大驚，如果出了一位眞命天子，那大明江山豈非不保，那天下就動盪不安，生靈塗炭。

經過長思之後決定將此龍騰壓鎭，他看此地背城面海，地勢高聳，正適合建築寶塔，可

作爲航海標誌，動土完工後龍騰就被鎭住了，從此就出不了天子了，眞是一舉兩得。

十五、八仙綵—吉祥瑞氣

民間技藝中有一項教綵繡或刻畫，在技法和取材除了要繼承傳統的藝術創作特色外，最重要的是其成品要具備有民俗傳統和一些宗教信仰方面的性質。

所謂「八仙綵」是一幅橫布，上面繡了民間傳說的神仙—八仙，把它當作結婚或新居的吉祥賀品，並懸掛在門楣上，也有人把它刻在木材上，再加上漆畫，可永久懸掛，有招吉、辟煞、納祥的意思。

十六、屋頂上的黃飛虎

黃飛虎是封神榜中的大將，死後被勒封為「東岳大帝」，手執弓矢、披甲，兩手做張弓狀，跨坐一隻似虎又似獅的猛獸上，正豎或橫立在屋頂上屋脊的正中央。

黃飛虎威風凜凜，可驅除來犯的惡魔凶鬼，守護家宅的平安，要安黃飛虎須請示神明或地理師，家中有凶禍才可安置，並選一個黃道吉日，經開光點眼後再安奉上，每逢年節也要奉上糕餅、三牲、酒禮、金紙及上好的清香（中藥材精製的香品）來奉祀。

十七、牆頭上的青石獅

獅子在風水上的作用很大，中國人的眼中，也視爲靈獸，舉凡官府、衙門、寺廟、宮殿外，兩旁便放了一對大石獅子，象徵威嚴不可侵犯，有安定四方之意，並帶來辟邪降福的作用。獅子可擋住門前強大的煞氣，但必須一雌一雄，彼此回顧對方，稱爲「好面相看」，如僅安放一隻會落得孤寂不安。

獅頭必須朝屋外，如果朝向屋內，會使屋宅帶來凶煞，因爲回頭獅會咬到自己。

青色的石獅子最是凶猛，可化解面向高山的壓迫煞也可制陰煞。

十八、戇番扛廟角

台灣傳統廟宇，古意盎然，若仔細看，在兩邊的廟角上有兩位外國「苦力」，替我們扛起整座廟宇，這些勇猛憨厚的外國人稱爲「戇番」，各有不同的造形，大都是濃眉大眼，憨厚癡呆，半裸跌足，曲膝半跪，做馱負重物狀。

戇番之造形全任由工匠自由發揮，只須配合廟宇的規模即可，膚色有黑、有紅、有白、造形從胡人、力士、番僧、頭陀，表情也各異。

「戇番扛廟角」已成廟宇墀頭的代名詞，可以適當地緩和廟宇結構的堅硬和突出，增加整體結構的流暢及平穩，表現力與美的感覺，已成爲台灣廟宇不可缺略的裝飾流風。

十九、柱子的龍神

柱子爲支撐空間，及傳遞屋頂重量的主要構件。位於檐廊的「檐柱」上面安放「龍神」，除了可以呈現出柱子的壯觀，同時可也塑造出深遠的感覺，又可蘊藏了無限的內涵。

堪輿上稱山上的稜線之起落、轉折爲之「來龍」，平洋的高處又稱平洋龍，而在居家按上龍神有守護家園之作用，也是對於山神、土地、龍神等大自然神明之最高崇敬，並進而使子孫源遠流長，慎終追遠之意。

二十、八仙過海

「八仙」是民間傳說中的八位神仙，在歷史上實有其人，因為祂們富有智慧，又瀟灑風采，樂於行善助人，大衆非常喜歡祂們，也成為「吉祥喜悅」的象徵。

「八仙過海，各顯神通」也就是說八仙各人所執的法器不同，而這八種法器都具有超凡的神通力量。

徐蔚南《翦畫選勝》記有八仙的名字、法器和使用特點，茲錄於下：

漢鍾離—輕搖小扇樂陶然，常執一扇；

呂洞賓—劍現靈光魑魅驚，常揹一劍；

張果老—漁鼓頻敲有梵音，常執漁鼓；

曹國舅—玉板和聲萬籟清，常執玉板；

鐵拐李—葫中豈只存五福，常帶葫蘆；
韓湘子—紫簫吹度千波靜，常執一簫；
藍采和—花籃內蓄無凡品，長攜花籃；
何仙姑—手執荷花不染塵，常執荷花。

在屋簷下或門斗上方安上「八仙過海」之鏡框，可以解化門前衆煞之侵犯，具有超強之無形力量，並可招來吉祥喜悅之氣息。民間普徧相信，神明賜予的香火袋、符令，以及神像都具有神明的靈力，具有驅除鬼魅的力量，因此就被人們當作護身符，或隨時攜帶在身上，或懸掛於屋簷下、門斗上方、車、船等交通工具之上，以期神明保佑人們的安全。

二十一、植物化煞功能

化煞功能以動物最多，其次是建築物，器皿再次之。植物也可化煞，如端午節家家門戶插上「艾草」、「雞冠花」、「菖蒲」都有除邪化煞之作用。

「茉草」爲客家化煞的一種特定植物，舉凡參加喪禮之後必用「茉草」淨身。

「葫蘆」是太上老君盛仙丹的法器，代表神力，民間常把傷害人類的「五毒」畫在葫蘆中，藉葫蘆的力量把牠們關起來，不得在人間作祟。

仙人掌類帶有刺也可化煞，有解毒制厄之功。其他如桃樹和柳樹也是民間常用制煞之植物。

二十二、八卦、獸牌、七星、符令

此爲「多重防衛」之作用，在平面鏡上畫了七星八卦圖，又畫獸牌在中間，左右兩邊各畫一道符，可祈福辟邪之作用。

世事多變與旦夕禍福的人生，人們面對不可預知的世界、當無法自我控制之際，祈禳消災、辟邪逐厲與祈安求福的民俗信仰於是應運而生。辟邪物不僅成爲民俗焦點，更留下可貴而親切的文物。

雖言多重防衛，且聲勢浩大，可先聲奪人，但也表示宅內之人畏懼鬼神之干擾，事先做好防禦工作。

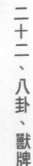

二十三、風獅爺可鎮風制煞

金門的風獅爺爲其特色之一，又稱爲「風獅」或「石獅公」，自古以來被國人視爲能辟邪招福的神獸獅子，以獅子爲「百獸之王」其威猛可嚇阻四面八方的邪魔妖怪，而最主要可剋制風害的邪魔，因此才稱之爲「風獅」。

冠上了「爺」或「公」表示對神祇的一種尊稱，金門的風獅爺用來鎮風止煞，祈祥求福，金門人視之爲村落的守護神，貯立於村落旁，飽受風吹雨打的洗禮，構成金門獨特的文化景觀。

二十四、凹凸鏡之作用

鏡子用法有三種，一曰：「平面鏡」，二曰：「凹透鏡」，三曰：「凸透鏡」。各有其巧妙，不可亂用，否則未蒙其利，先受其害。

「平面鏡」爲直射或反射作用，一般用在梳粧量容之用，風水應用於高山之倒影。

「凹透鏡」又稱爲倒鏡，有縮小之作用，爲陰之極，可把尖斜之物，由大化小，小而化無，有化煞之作用。

「凸透鏡」又稱爲「倒後鏡」，爲陽之極，可把周圍環境事物放大，一般用於車子之左右倒鏡，或商場之監視窄小之用，大轉彎路可把死角引入，以免碰撞，在陽宅可防小人和陰煞鬼魅。

二十五、澎湖的鎮風牆

澎湖四面皆海，而無山來擋風，一到秋冬強風冷冽吹來，住家受強風吹襲，不易取暖，因此用石頭在四周築一道三尺多的「鎮風牆」可擋寒風之吹襲。

「鎮風牆」也可擋住強風，使農作物得以順利成長，牆內可種植花生、甘藷、蔬果，作用很大。

人言生氣地中求，豈知地氣水逐流，流到水邊逢水界，平陽旺氣盡皆收。

二十六、瓦鎮八卦

台灣民間習俗相信，八卦牌具有最強大的厭勝能力，以致使用得最廣，民宅若遇發生有路沖、柱沖、宅沖等風水上沖犯的禁忌，通常都可以安八卦牌來緩衝及化解。

「易有太極，是生兩儀」，太極就是所謂天地未分之前，兩儀有動和靜二種活力，由此而生陰陽兩氣，再分金木水火土五行，其精氣凝成人類，可是人類和外物接觸時，因事事物物各自皆有秉性之五行，因而產生相生相剋等吉凶作用，而在此作用的演變過程中，就會產生出善惡之別，才由聖人立中正仁義之道，以靜爲主，來復歸正道。這就是天人合一的道理。

二十七、雞咬箭八卦石座

在此村莊的三叉路正對面，形成一個路箭，沖射到村莊入口，全村雞犬不寧，所以在村口安置一個石座，約有八尺高，用磁器燒上一隻「大公雞」，雞口咬一支箭，上方安上一座八卦石，可以迎祥制煞，從此村民才可安居樂業。

雞可長鳴報曉，破暗除幽，導來光明，有抑陰助陽之特性，亦爲前驅，走在前方開路，含有提防保衛之意，則其鳴叫之聲可以鎮魂。

俗語說：「靈雞一鳴天下明，陰中百邪總歸藏」。此雞咬箭也是金門特有之壓勝物之一。

二十八、鎮於宅後的五營竹符

竹符是五營信仰的共同構造，一般以刺竹或福竹成長約尺餘的竹管，或將其剖成一半來使用，竹身以黑墨書於符令，須由法師在其上畫上符文，並舉行「勒符」儀式，使其具有「千軍萬馬」的神力。

五營將軍的竹符，通常爲三根或五根，上面書寫「○勒令○方○元帥安鎮」，頂端再以紅布或金紙包紮，其符令是當地，土神令天兵天將來安置，並可指揮調度營頭的兵馬，因此其賦有超自然的力量。

二十九、泰山石敢當

石敢當在全省和離島各地均有安置，其主要功能爲驅邪押煞之作用。

凡巷陌橋道直沖人家住宅，俗稱凶煞不利，立石刻上「泰山石敢當」取所向無敵之義，可鎮百鬼壓災殃。

《魯班經》所記：「凡鑿石敢當須擇冬至後甲辰、丙辰、戊辰、庚辰、壬辰、甲寅、丙寅、戊寅、庚寅、壬寅此十日乃龍虎日，用之吉，除夕夜用生肉三片祭之，新正寅時立於門首，莫與外人見，凡有巷道來沖者，用此石敢當。」

石敢當之驅邪思想，起源於中國道教思想，中國東嶽泰山雄偉富有神氣，被認爲有法力無邊的山神，其可鎮押任何厲鬼終無力抵抗，永不得逃逸。

三十、防禦槍堡

金門水頭村有一戶洋樓，取名「得月樓」，當年在大門前虎邊，建一個三層樓高的「瞭望台」，又稱「槍樓」，爲了防禦海盜偷襲而建造。

當您走近正廳一看，原來是虛設的，僅是一間空屋，眞正的住家在後面，出入門也在後頭，是否防禦過當，現已荒蕪，也是金門吉洋樓之特色。

此綿密的防禦空間在當年都是金門人去印尼一帶經商發達後，回鄉定居，財大氣粗所構造的層層防禦。

三十一、門環和門鈸

門鈸又稱爲「鋪首」，爲拉攏門窗用的金屬構件，在明代規定官至二品以上的宅第用錫製獸面門鈸，三品以下則用錫或鐵製半圓形門鈸。

門環爲門鈸上的金屬環，於門拉攏關閉後，在兩環上交疊上鎖，可防範外人闖入，明代規定皇親國戚用銅環，公候至五品用錫環，六至九品用鐵環。

現代的建築已不多見，僅一此古厝或廟宇有設置門環，但大多數用白鐵合金，僅作於裝飾用。

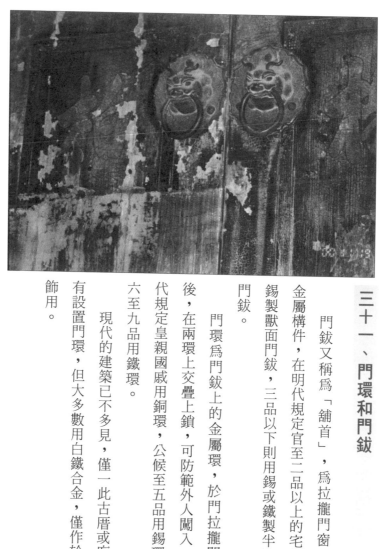

三十二、石塔

石塔是澎湖特有的聚落制煞物，寶塔在宗教上有崇高的地位，在建築上有其高聳獨立的風格。其底座以圓形為主，而漸次縮小成塔形，一般以七層為主，也有五層或九層，頂端加上一個葫蘆，石塔以石頭砌成，高度不一，從六、七尺到三丈的都有，圖中為澎湖鎖管港的石塔全縣最大，有三層樓高度。

依風水的因素，石塔立於村落險要或制高點，環顧俯視，庇護全境，也有鎮風的作用，也可平衡地理或航海之辨識，並可補地形之缺陷。

石塔經神明指示，或地理師堪輿就可產生鎮風、制煞、迎祥之效果。

三十三、鎮五營

全省各村落的大廟，均有五營將軍鎮守，村落的廟宇安座後，要往祖廟或香火興旺的大廟宇進香，其目的是往香火鼎盛的大神、大廟請領五營軍馬來鎮守。

但五營也分內營和外營，內營即安置在宮廟中的「五營首」、「五營旗」或「三十六官將頭」，爲隸屬主神的近衛軍。

外營爲設於聚落外圍與宮廟外附近的守衛營，爲主神差遣的聚落防衛軍，而廟宇宮殿爲酬謝五營神軍的辛勞，每年均會做定期或不定期的犒軍。

五營的功能以防制鬼魅之煞入侵爲主，如一道無形的城牆，保護著村民，而營頭就像一個關卡，分佈於全村東、西、南、北、中五個角落，是一種無形的警衛。

三十四、金門古寧頭的水尾塔

塔大多建於高地，用以覽勝、彰顯功德，或祈福鎮邪之用，惟獨金門古寧頭的水尾塔，建造於海底中。

古寧頭在堪輿學的龍頭之上，理應地靈人傑，但因當地潮水盈虛過大，注定富得快、貧得也快，當地父老在風水先生的指點下，選定龍口的咽喉處，高築水尾塔，一則打破風水輪迴，二則築塔聚財。

水尾塔建於清乾隆三十二年，有清一朝，古寧頭果然孕育出兩名大將。水尾塔的神秘力量，打破了富不過三代的宿命。

塔尖上層的四面，分別刻了「佛」、「法」、「僧」、「寶」爲佛教之寶，可押制來自海上的陰風惡邪，以求保境平安。

三十五、葫蘆型照牆

照牆為屋埕之厭勝物，它豎立在屋前空地來辟邪止煞，通常在外側呈空白或畫上八卦牌可稱為「八卦照牆」，其形有方形、穹隆形、劍形、葫蘆形，照牆大都用磚土砌成的實牆，不僅具有屏風的效果，又有辟邪押煞的功能。

照牆又稱「照壁」，最主要用在路沖或宅沖、廟宇沖、廁所沖、糞堆沖等，並可阻擋鬼怪魑魅之侵或災禍之擾。

葫蘆蔓，蔥蘢茂盛，纏繞綿長，又取其滋長，長久的吉慶合義，用於吉祥上。

葫蘆在佛道之中也佔有一席之地，如太上老君用於盛仙丹、八仙之李鐵拐的法器，也代表神力，更常出現在祝壽、吉慶的圖案中。

三十六、屋頂上的獅子

在瓦屋的上簷安放一隻陶瓷作的獅子，臉朝天，又稱爲「朝天獅」，可利用來鎮宅、化煞、生財之用。安奉之時也可以開光及用咒語加持。

朝天獅有展望未來之勢，雖爲猛獸但不會傷人，亦有祈福納財之作用。

安獅子和老虎，安時頭部上一定要向屋外，如果朝向屋內又稱「回頭獅」，則有傷己之象，最好請專家謹慎爲之。

三十七、山牆下的金錢輪

厭勝錢在漢代以來即有鑄造，在過去的銅錢中間有一個方孔，與外廓相對照，叫做「天圓地方」，吉祥圖也經常出現，如搖錢樹上掛滿了一串串的銅錢，占卜也是用有孔的銅錢。

凡是財神所到之處都有銅錢，畫面充分表現了招財進寶的吉慶氣氛，又因錢孔也稱「眼」，又與「前」諧言。

錢的外框加上輪子，代表「財源滾滾」而來的意思，也是好的吉兆。

三十八、住宅樑上的斗拱

古代三合院或廟宇建築之柱頭上或藻井表面，常佈滿著交互疊組之斗拱或弓形組件。其作用有下列幾項為主：

1. 向上支撐桁條。
2. 向外支撐出檐。
3. 向中央聚合以支撐藻井。
4. 向兩側開展以支撐天花板及其上之柱樑。
5. 作為桁條下之裝飾品。
6. 可發揮槓桿原理之功效。
7. 是力學與美學的組合。
8. 是吉祥瑞氣迎喜如意之象徵。

三十九、門楣上的厭勝物—八卦、劍、日月、星宿

木板上繪上紅色的「先天八卦圖」依照台灣民間傳統慣例，先天八卦多用於人物宅第的守護，以及堪輿相地，後天八卦均用於占卜算命。

七星劍係用於斬妖除邪，是強而有力的辟邪法器，玄天上帝所持寶劍即爲七星劍，腳踏之靈龜、靈蛇，靈龜爲「八卦」、靈蛇爲「七星」，也是玄天上帝的腳力，是爲康趙二元帥之化身。

上方有各種神獸之星宿圖，如日月圖、嘴火猴星圖，如想要發揮制劫、押煞、除陰之功能須用寅日寅時或辰日辰時，謂之神獸能制劫殺也，譬如明堂有路箭或橋箭、山箭可用之。

四十、大甲鐵砧山上的石將軍

大甲鐵砧山在明末清初國姓爺—鄭成功屯兵於此，被圍困在山上，取水不易，面臨斷炊之際，鄭成功拔劍禱告上蒼賜他活泉，雙手握劍往地下一插，士兵挖下立見湧泉，之後而有劍井之稱。此招好像很管用，在此數年前，鄭成功退守金廈之時，由廈門鼓浪嶼退到小金門，當年也是缺水，鄭成功也一樣用劍鑿井，所以小金門也有「劍井」，想不到重施故技依然有效。有人說鄭成功是「虎神」來轉世，一上鐵砧，好比老虎被宰，不久即病死。

大甲石將軍歷史悠久在山上叢林雜草之中，也不是交通要道，知道之人很少，安置在山稜之上，有鎮風、辟邪之功效，更可保佑鄉民平安吉祥。

四十一、雄雞制蟲煞

公雞所能化解的煞氣只有一種，就是「蟲煞」，公雞是蟲的剋星，早年的廁所是公雞的補身之所，牠們平時吃五穀類，但一到廁所旁，會捕食糞蟲吃。

在古厝是用木頭造成的，其中屋頂上的椽樑皆以木造爲主，如圖中之古厝後方有凹風和小水溝，形成缺隙，補救之法，就是在缺口處蓋了一座小土地公，再加建一座白雞石座，方能鎮邪、避風，又謂雞能食白蟻，可保屋樑架構之不被蟲腐。

四十二、牆堵上的厭勝物，麒麟送子

兩位天神騎著兩隻麒麟，左邊麒麟頭上戴了武官帽，手上拿著「笙」。右邊麒麟頭上戴了宰相帽，手中拿著「玉如意」。兩隻麒麟相會，天神代表文武雙子。

民間傳說，麒麟則爲送子的神靈。「麒麟玉書」的故事上是說，孔子在出生之前，有一隻麒麟來到他家口吐玉書，上書「素王」，即聖人有帝王之德而未居其位，這是「麒麟兒」的來歷，對後人影響很大，誰家不想得到以麒麟爲瑞應的孩子呢？

「笙」爲箕管樂器，是古代的八音之一，有著文雅和樂氣氛及祥瑞之兆，其音和「昇」相同，也就是升官。財和「官」相同音。「如意」是一種器物，即稱心如意，盡如人意。

四十三、牆堵上的厭勝物，五福臨門

廟宇或宗祠牆堵厭勝物，在於前檐牆與廊牆，更是廟宇、宗祠建築裝飾的重點，而其中更多具厭勝物功能和裝飾作用，是我們欣賞廟宇台灣藝術不可忽略的重點，廟宇的廊牆部分，在一般人稱爲「堵」，由上而下被區分爲頂堵、身堵、腰堵、裙堵等數段，尤其是在兩側相對廊牆上更常見分佈許多厭勝物。

圖中兒童騎鹿、吹簫，音中吹出五隻「蝙蝠」，鹿拉車載滿金銀財寶，兩位兒童推得大汗滿身。祿和「鹿」音相同，代表俸祿、薪給。「蝠」和「福」諧音，五隻蝙蝠稱爲「五福臨門」。在《書經》中所謂五福者即：「一曰壽，二曰富，三曰康寧，四曰修好德，五曰考終命」。

四十四、樑上的符號與匾額座上的雙獅

瓦屋之樑上有安符咒，用黑布書寫，可驅邪、鎮宅、迎祥、納財、旺丁等作用。爲何符令有如此靈驗之能力，因爲法力是無形的力量，法力高者，能書高靈度的符，符令之靈力必須有準備工作，如焚香請神、勒筆、紙、水、墨、硯，書符後也必有結符之善後工作，即勒符、手印。雖言法力深淺，必得自靈山修煉，山中地靈之氣，再配合「神明」無形的靈力相助，以達天人神合一的境界。

匾額之雙獅底座，理應「回顧有情」，也就是兩隻獅尾相對，而兩獅之獅頭「回顧轉首」相望爲有情，如兩頭相對，雙首向後，爲之反目無情，必有凶厄。

四十五、澄清湖高丘上的中興塔

高雄縣著名風景區澄清湖，爲高雄區的水庫，也是高雄市來龍的入首，高市來龍由阿里山經三民、甲仙、杉林、內門、旗山，大樹直到烏松鄉的大貝湖，也就是澄清湖，強龍（幹龍）入首之前，必翻騰成大湖，大都市皆幹龍所結，龍強湖大，地靈人傑，必定出大英雄。據民間傳聞，民國四十一年左右蔣家的堪輿師怕高雄出大英雄動搖其統治台灣地位，於是在澄清湖的最高山丘，建造七層的八卦塔，取名「中興塔」，居高臨下，制了高雄市的強龍威勢，所以高雄市歷年來市長高官，大都是外縣市人。

以高塔制地靈，當年蔣家造很多座，如日月潭上的高峰建「慈恩塔」也是怕日月潭湖大、氣勢強，必有強人要出頭天。

四十六、屋簷上的獅頭

獅子，是一種哺乳肉食動物，長度約八、九尺，毛色清黃帶褐，頭圓肩部廣大，至身體後部逐漸窄小，四肢強健，腳有勾爪，掌有肉塊，行走無聲，尾細小，末端有叢毛，棲息山林之中，攫取動物，吼聲宏大，群獸聞之莫不驚恐，故有「獸王」之稱，產於非洲和印度。

東漢明帝時，佛教傳入中國，佛像石雕的獅子，也自然傳入中國，在國人則認爲獅子是代表吉祥的瑞獸，具備辟邪的作用。

此屋簷上的獅頭爲「祥獅獻瑞」，它說明了辟邪物活潑而多彩，並有融通達變之特性。

四十七、圍牆和照壁

三合院的出入門築圍牆環繞住宅，形成基本防衛之象，理應開門以爲出入，即爲牆門，中隔前埕與正廳相通，但也有大戶人家之祖廳或宗祠、廂房也有住家，但祖廳乃宗族共有，沒有設門扇以利出入，但有拱門，漆上紅色，代表光宗耀祖。門外有照牆和香爐供奉諸天神聖，照牆有辟邪之作用，在本省鄉下也少見。

四十八、三角涼亭制虎形煞

在大陸廣州市有一家「東方賓館」旅社，生意非常的好，賓客雲集，在對面也跟著蓋了一間「中國大酒店」和他搶生意，「中國大酒店」（如照片）形如老虎，齜牙咧嘴像要吃掉對方生意之樣。

果然自從「中國大酒店」一開張後，賓客雲集，天天客滿，而對面的「東方賓館」之生意就一落千丈而一蹶不振，天天虧本。

於是「東方賓館」找來堪輿師尋求破解之道，於是在前方停車場築一高牆，以擋虎威，並在牆外蓋了一座尖形五角涼亭以制虎煞。從此「東方賓館」生意恢復以往的熱絡，而「中國大酒店」卻一敗塗地，並告發「東方賓館」敗其風水，但被中共法院駁回不受理。

四十九、照牆上的犁頭鏢和石箭

金門古厝前的照牆上，安放三枝石箭和三枝犁頭鏢，形如等腰三角形、尖角向外，用石灰黏住，中間安放四方型的「瓦鎮」內面成凹形，照牆外方中間框內，也安放石磚符令。

據說厝前明堂有尖形之山峰，築照以擋風煞，犁頭鏢和石箭各安三枝以制前方之無形煞，凹形瓦鎮可擋尖形山峰，石磚符咒是用來保平安及祈福、招財納寶之用。

五十、刀劍屏的藝術文化

「刀劍屏」因刀劍俱有防衛和殺傷之力，也可防鬼怪入侵，也可阻嚇宵小、惡人的爲害，因刀劍門可令其止步，有形的宵小和無形的鬼怪，在門外一見刀劍難免會心驚肉跳，可惜此種刀劍屏今日已式微，乏人問津。

也有人說如摒除藝術，安上一座或雙座大砲，則更能具有阻嚇力量，但無形之殺傷力可能影響鄰居之安危，此無形之殺傷力來自風水的因素。

五十一、刀劍屏照牆

「刀劍屏」爲方形木屏風，在其上插上兵器，通常所使用的兵器有五枝、也有七枝，雕刻後直接彩繪，在鄉下的刀劍屏，也有用鐵條搭架在上方，並蓋上板金的屋頂，以防日曬雨淋。「刀劍屏」一般擺在正廳外正前方，靠圍牆的大門，一則可作辟邪，但若是擺在客廳入門之屏風，則有分隔空間的作用。

在屏東鄉下的古厝所安的「刀劍屏」大厝已拆掉大半，僅留神明廳，但刀劍屏依舊保存舊觀，以作爲古蹟的特色，也可當作一種僅存的藝術。

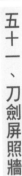

五十二、圓形山海鎮

門楣的山海鎮是用木板畫成，但沒寫上「我家如山海，它作我無妨」的字樣，僅在「山海鎮」上方吊上了一袋香包和艾草之類的去污穢的吉祥物，藉著雙重的化煞與清除力量，使屋宅之人能夠平安吉祥。

山動水靜陰陽正，水主財祿山主人，
東是陽兮西是陰，若是花假不能分。

五十三、山海鎮

「山海鎮」是台灣各地常見的門楣上的厭勝物之一種，依據《繪圖魯班經》中所記載，凡門前有巷道、門、路、橋、樑、土堆、山峰、船埠、鎗柱、豆蓬柱等障礙物，皆可按「山海鎮」，以辟制其無形之煞氣。

通常「山海鎮」用方形或圓形木板所繪，也有在鏡面上畫山、海圖案，並在兩側寫上「我家如山海，它作我無妨」，也有畫上太極、八卦、日月、七星、星宿符式。

作爲厭勝物的「山海鎮」，主要是藉助山、海的力量，來鎮住門前對風水不利而且是有害的沖煞物。

第四章 居家前後庭院篇

第四章 居家前後庭院篇

(一)居家前庭院

1. 煞方不可放石磨—主吐血癆疾。
2. 煞方不可有水池—不聚財、妻離。
3. 煞方不可有巨石、水缸—刑傷意外之災。
4. 煞方不可有假山造景—肺病開刀。
5. 煞方不可建車庫—易車禍。
6. 煞方不可開大門—出外不順。
7. 煞方不可有木柴灶—心臟血液循環差。
8. 煞方不可有高電線桿—頭暈、中風。
9. 少放廢棄雜穢物—鼻子過敏。
10. 少放亂石或沙石—流產、血厄。
11. 少放木頭屑物—易得皮膚病。

煞方不可有水池

12. 勿放石磨或石臼之物—肺癆刑傷。
13. 劫方不可安裝馬達或震動機器—腦神經衰弱。
14. 劫方不可建廁所、倉庫—車禍外傷。
15. 應清潔，不重豪華美觀。
16. 應有適量之花木—美化環境。
17. 花木不可太多太雜，陰氣濕重—風濕病。
18. 排水應暢通—才不會有穢氣、蚊蟲。
19. 地面不應有青苔濕氣—易滑倒。
20. 白虎方不可種高大樹—筋骨痠疼。
21. 白虎方不要有花架—主藥碗不斷。
22. 正中央不要有大石頭—血光之災。
23. 大門外面不可有電桿—主傷眼睛及高血壓。

適量之花木－美化環境

24.大門外面不可有屋角沖射—主口舌破財、高血壓。

25.大門外面右方不可高於正前方—女掌權。

26.大門外面前方不沖牆角—主血光之災。

27.大門外面不可順水流出去—主破財、不平安。

28.大門外面不可沖他人抽水馬達或震動機器—心臟衰弱、敗血症。

29.大門外面右方不可有工廠馬達或震動機器—耳聾或重聽。

30.大門外面不可斜沖他人巷道或防火巷—爲天斬煞主大敗。

31.大門外右邊不可增建車庫或寮房—主牢獄之災。

32.屋內不可種植有刺的花或仙人掌—生皮膚怪病、全身過敏。

33.屋內不可堆積破銅爛鐵及破碎家具、廢木料等—意外流血之災。

34.屋內不要養雞鴨類，環境衛生不好，家中不平安—臭氣沖天、易心神不定。

大門正中央不要有大石頭、變壓器

35. 大門外面不可沖大古樹—筋骨痠疼。
36. 大門外面不可正對廁所—車禍血光之災。
37. 大門外面不可正對他人廚房之排油煙機風口—腦中風、頭暈。
38. 大門外面不可正對他人及對自己之化糞池—車禍殘疾。
39. 大門外面不可有路沖—大破敗。
40. 大門外面不可面向路反弓形—主意外之災。
41. 大門外面不可面反弓水溝或河流及圍牆—破財、損人丁。
42. 大門外面右方不可有大樹—風濕、咳嗽。
43. 大門外面不可正沖他人牆角或廟角—刑傷、工作不順。
44. 大門外面不可正沖他人屋柱—外傷、頭目疾。

大門正對巷沖

45.大門外面不可沖他人之樓梯口－洩氣敗財。

(二)居家後庭院

1.後院不要放著石器、石臼、石磨、亂絲、磚塊－腰骨痠疼。

2.後院白虎方不可做水塔，應在青龍方為吉－易得偏頭痛。

3.後院正中央不要做水塔或水櫃蓄水池－龍骨折傷。

4.後院正中央不可安燒熱水爐－易洗腎。

5.後院白虎方不可安熱水爐鍋－頭暈腦脹。

6.後院正中央不可安馬達－腰骨痠疼。

7.後院白虎方不可安馬達（應安在青龍方）－易偏頭痛或眼昏。

8.後院白虎、正中央不可安機器或震動之物－易得白癡、智障兒。

9.後院外不可有防火巷直沖－腰背痠痛。

10.家後院應時時保持清潔－子女有智慧、聰明。

大門正對廟角

11. 後院青龍方不可放化糞池—龍脈氣斷損人丁。

12. 後院正中央不可放化糞池—肚痛、瀉腹。

13. 後院白虎方最好放化糞池。

14. 後院白虎方不要做假山水池—斷龍脈絕人丁。（應合宅運才可）

15. 後院正中央最好不要放水池—損少年郎。（應合宅運才可）

16. 後院龍方要做水池也必須合旺運，否則不做爲佳。

17. 後院外不可有他人屋牆壁直沖—腰背痠痛。

18. 後院白虎方，正中央不可打井，宜青龍方。

19. 後院白虎方，正中央不可安洗衣機—婦女子宮病。

20. 後院花果不要種太多，陰濕氣重—婦女子宮開刀。

後院白虎方不要做假山水池，如合於元運則可催財

21.後院不可種大樹—光線陰暗、主不平安。

22.後院不可種有刺的花草木—背部皮膚過敏。

23.後院養六畜時應隨時保持乾淨家中才平安—居家不安、易外出。

24.後院應做圍牆高五尺六寸爲佳，守財氣。

25.後院圍牆不可太高—如監獄，主官非。

26.後院不可低於屋內一尺以上—財不聚。

27.後院不可低於屋內一尺以上—爲仰瓦損人丁。

28.後院出水口不可正中央出去—財源流失。

後院低於路面，小心車禍沖宅

29. 後院花架石板，水泥板應橫放，不可迫沖屋內—沖宅易車禍。

30. 後院應空氣能對流—家內較溫暖和諧。

31. 後院不可低於路面—沖宅易車禍。

第五章 廚灶與浴廁

第五章　廚灶與浴廁

古代之爐灶以燒柴火、穀殼、木炭之類，灶口宜大、火勢才強，現代瓦斯爐灶口向上，開關向前，而且輕巧不佔空間，擺設方法也要符合時代。

現代的衛浴設備都在屋內，也緊鄰廚灶，或者在同一間屋內，以隔間分離，應要避免和衛浴設備衝突，也要避開水箱和水龍頭，更要注意門沖、樓梯沖、樑壓、壁角沖。

廚灶爲女主人掌管之地，也是財帛宮，爐灶安好，家中平安，錢財聚守，如沖射到，主婦女多病，家庭不合，財源不聚，嚴重夫妻離異，不可不愼也！

㈠廚灶位

1. 爐台不可安放於陽台之上—風大點火易熄。
2. 爐台不可安放於水缸旁邊—水火不合、婦女病。
3. 爐台不可正對儲水缸—血液方面的毛病。
4. 爐台不可放在化糞池上—腹痛、胃腸病。
5. 爐台不可放在排水溝上面—財源流失。

6. 爐台不可放在廁所之通水管上－腸胃之疾。
7. 爐台不可背靠廁所－家人身體不適。
8. 爐台不可面對廁所之馬桶－易得盜賊。
9. 爐台不可暗對廁所內之馬桶，雖然隔牆亦不可以－小偷入侵，身體不適。
10. 爐位不可放在舊灶之後方－目無尊長。
11. 爐位不可沖門與沖路－口舌是非多。
12. 爐台如被樑壓，全家不安－心臟衰弱。
13. 爐台不可與冰箱對沖，冷熱不合－夫妻反目，腎、胃不好。
14. 爐台不可正對房間門－夫妻常吵架。
15. 爐台不可與神位對沖－男主人頭暈。
16. 爐台應安於藏風聚氣之處。
17. 爐台不可安在窗下，瓦斯會被風吹熄而中毒。

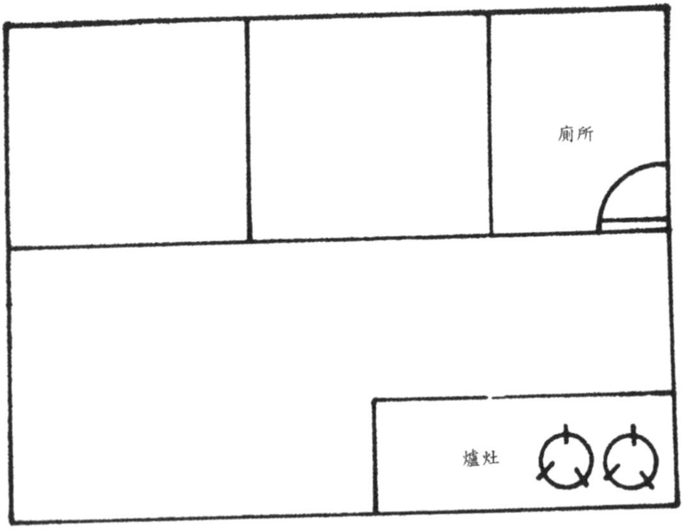

爐台不可面對廁所馬桶

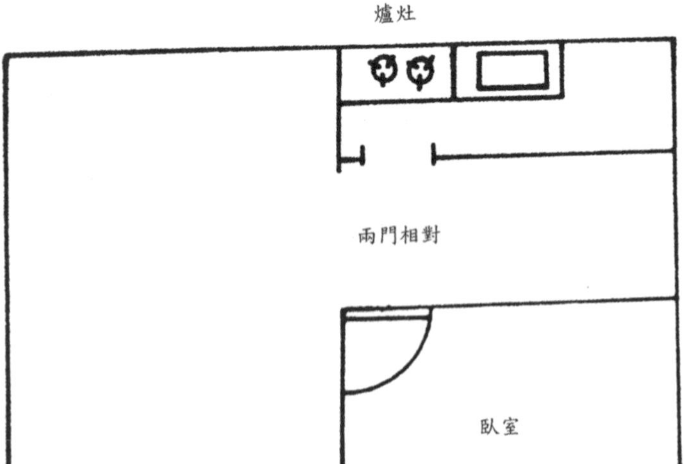

爐台正對房間門－注意夫妻不和常吵架

18. 爐台不可與屋子相背坐—不聚財。

19. 爐台面應向屋內，主家人和協同心—財源廣聚。

20. 不用之舊灶最好拆除，家中比較平安和睦—兩灶主夫婦不同心，或兄弟不和。

21. 爐位儘量安在青龍方爲吉—伏位以外。

22. 爐位儘量不安在白虎方，但在不得已時亦無妨—財源易失。（應視宅運而定）

23. 爐位盡量不安在屋子正中央，燒司令之主位—主不聚財。

24. 爐位應該安放與屋向垂直或平行，忌安斜方位—怪邪之事常有。

25. 爐台不可與廁所門對沖—藥瓶不離。

26. 爐台不可沖牆角—腰痠背痛。

27. 爐台後面之外面不可沖他人之屋角—心臟病。

28. 爐台兩側不可沖門—主財散。

29. 現在之爐位沒有灶口，所以不必考慮爐向，但仍考慮方位的好與不宜的地方。

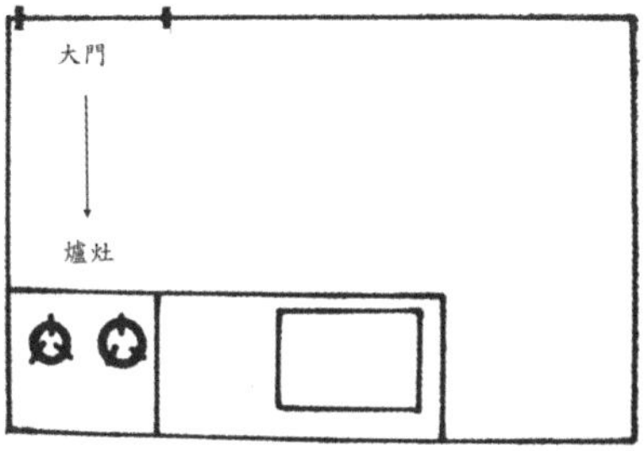

爐灶沖門立財散

30. 爐位不可面向冰箱、冷熱不合—傷氣管、腸胃及夫妻冷戰。

31. 爐位不可面向臥室門，住該房者多感冒—夫妻口角衝突。

32. 爐位不可與屋向違背—多口舌是非、不同心，也不聚財。

33. 爐位不必顧慮向東、向北之說，這是無知的說法。（以伏位爲主）

34. 爐口不可以新灶舊灶口對向—婆媳不和。（不可雙灶否則不同心）

35. 爐位不向廚房出水口—主破財。

(二)廁所

1. 廁所最好安在住家白虎爲佳—或在煞方。

2. 廁所不要設在神位背後，尤其馬桶不可在神位後—會退神。

3. 廁所馬桶不可暗沖爐位—易遭小偷。

4. 廁所要設置空氣流通、光線好的爲佳—臭氣才會清除。

5. 廁所門不可沖床位—會腰背痠痛或桃花運。

6. 廁所門不可沖書桌或辦公桌，會坐不安定—心神不安容易出差錯。

7. 廁所門不可沖神位、祖先神位—會犯小人或盜賊。

8. 廁所門與二、三樓走道正沖無妨。

9.廁所門不可沖金庫—容易耗財。

10.廁所之門不可與大門入口相對正沖—口舌之災多。

11.廁所門不可與灶位正沖，家中主婦不安—腹瀉之病。

12.廁所門不與臥室門相對正沖，主住者多病—易患桃花運。

13.古時候廁所衛生較差，有臭氣不可在風頭—也不可在厝前。

14.現代廁所衛生較好，但也要注意方位，不可設置在文昌位及主人伏位方。（在文昌位爲污穢文昌）

15.廁所之馬桶坐向是沒有規定方向，方便使用爲原則。（但不可直沖神位、床位或財位）

16.不用執著馬桶方向是無所忌，以順爲原則，但忌正沖神位、床位、灶台。

第六章
臥室床位

第六章　臥室床位

㈠臥室

1. 臥室門對沖大凶—主口舌是非。
2. 臥室門口忌沖神位—夫妻吵架。
3. 臥室門口忌沖牆角壁刀—會有開刀運。
4. 臥室門口忌沖熱水爐—夫妻意見不合。
5. 臥室不可在廁所之下方—頭暈之症。
6. 臥室不可在廚房之爐台上下方—太太掌權。
7. 臥室之上方不可有水池—腰痠背疼。
8. 臥室之上方不可有庭園之假山壓頂—心臟、呼吸毛病。
9. 臥室最好不舖地氈，容易潮溼生霉氣—傷氣管。尤其舖長毛氈—易得皮膚病。
10. 臥室之廁所不可沖床位—桃花不斷。
11. 臥室不可跨在屋內外之牆下—夫妻易出牆。

12. 臥室門忌沖爐台—太太凶悍。
13. 臥室門口忌沖廁所門—桃花是非。
14. 臥室門口忌沖冰箱，尤其與冰箱門對沖大凶—夫妻冷戰分手。
15. 臥室天花板顏色不可大紅、大紫、橘黃、深色—睡不安寧。
16. 臥室內壁紙圖案不可用圓形各式圖案，頭昏眼花—腦神經衰弱。
17. 臥室天花板不可設計如棺木型造形—易做噩夢。
18. 臥室外不可有他人屋角、獸頭沖射—多流產不安。
19. 臥室外有他人屋角相對—夫妻多口舌或吵架分手。
20. 臥室外不可有他人屋子牆角、壁刀

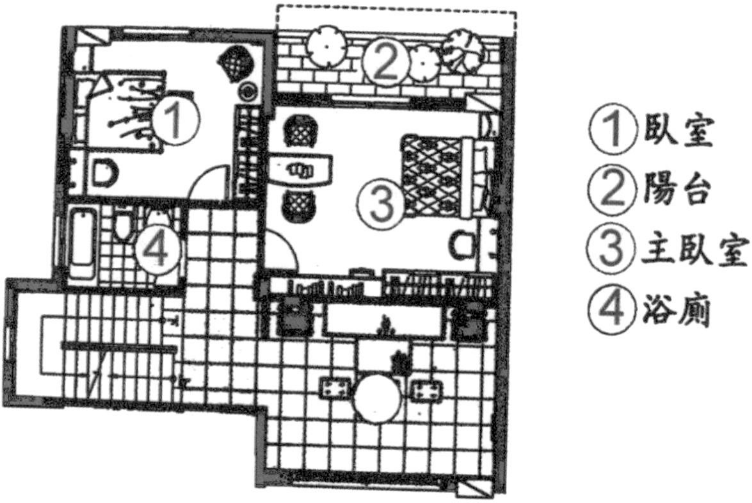

臥室門沖廁所門—桃花是非

沖射—夫妻有開刀運。

21. 臥室內最好不擺放水族箱—婦女白帶症。

22. 臥室進口門內不可有鏡子相對—口舌是非之災多。

23. 臥室最好在安靜、空氣流通者爲佳—居家平安。

24. 臥室內顏色千萬不可漆粉紅色—會使神經衰弱，而且夫妻多口角。

25. 臥室內光線應該明朗柔和，不可黑暗—心情才會快樂。

26. 臥室空氣應該使之對流—才會健康。

27. 臥室顏色忌五花十色—頭暈腦脹。

28. 臥室窗口勿掛風鈴—易使夫人頭暈昏睡不安寧。

29. 臥室地板應淺色—夫妻生活平靜。

(二)床位

30. 床位左右側方不安大鏡子—睡不安寧。

31. 床位不放於爐灶之上、下方—主婦有腹痛。

32. 床位不放於廁所之上、下方—生活緊迫。

33. 床位不靠廁所之牆—易睡不安寧。

34. 床位不靠廚房之灶位—太太凶悍。

35. 床位不安在臥室門入口處之邊—沖到會頭疼。

36. 床位之右邊不靠牆—出入不方便。

37. 床下不可有化糞池—財會流失。

38. 床不可安於樑下，如果樑用天花板覆蓋亦有小礙。

39. 床位之左右沖門口—睡不安寧。

40. 床位之左右沖廁所門—頭疼。

41. 床位之正前方沖廁所門—桃花是非多。

42. 床位之正前方沖廚房之爐位—太太易掌權。

43. 床位不安於冷氣孔之前方—易感冒。

44. 床位之右方不安冷氣機—冷風直吹鼻子過敏。

東邊開窗的臥室，床位要往內靠避免太亮。

45.床位之頭頂上不安冷氣機—鼻子過敏。
46.床位之正前方不安放鏡子—睡不安寧。
47.床頭之兩邊不可有桌角、櫥角沖射頭部—會頭痛連連。
48.床頭之上不可被樑壓—會作噩夢。
49.床位正前方不可沖廁所或櫥櫃之角—桃花是非糾紛。
50.床頭上不放音響、電視—腦神經會衰弱。
51.床位不安在落地窗邊—頭疼之症。
52.床位不騎在廁所馬桶之上—易中風癱瘓。
53.床位上方之天花板式樣應簡單平面光明為吉。
54.床位上方不可掛奇形燈具，如開刀手術房相似之燈—會應開刀運。
55.床位下面不要積放舊物、穢物、或破銅爛鐵之物—主皮膚病。
56.床頭不可靠馬路—頭暈耳背。
57.床頭不可靠廁所—桃花不斷。
58.床頭不可靠廁所之馬桶、或洗手台—睡不安寧。
59.床頭上方勿掛山水圖畫—如掉下會受傷，易頭痛壓力大。

60.床頭上方或前方勿掛深色圖案—神智不清。

(三)孩子臥室位

1.孩子床位、書桌不可放在陽台水池假山之下—讀書不專心。
2.孩子床位不可放在神廳神位之正下方—易作噩夢。
3.孩子床位、書桌之右方不可有馬達轉動—書讀不下去。
4.孩子書桌、床位頭部不可有馬達轉動—頭暈耳痛。
5.孩子之床頭上不可有冷氣、抽風機在轉動—頭暈腦脹。
6.孩子之床頭不可靠在廁所馬桶之前後—在家待不住。
7.孩子之書桌椅子坐位不可靠坐在廁所內馬桶前後—易多夢。
8.孩子之書桌前最好不要有高物壓迫—頭痛。
9.孩子臥室光線應該光明、不可昏暗—書才讀得好。
10.孩子臥室窗簾顏色忌粉紅、大紅、深黑色—讀書不專心、多幻想。
11.孩子床位腳部不可正沖門—腳容易痠疼。
12.孩子床位腳部不可正沖馬桶—易看色情書。
13.孩子床位頭部不正沖、左右沖房門—睡不安寧。

14. 孩子書桌不可正向屋外屋脊或電桿、壁刀角—頭痛或開刀。
15. 孩子書桌不可面向屋外巷沖路沖或水塔—讀書不專心。
16. 孩子書桌、床位不可在水塔之下方—居家不安、待不住。
17. 孩子書桌、床位不可在馬達機器轉動之處—主頭疼、沒精神。
18. 孩子臥室牆壁不可張貼太花亂的壁紙—喜愛玩樂。
19. 孩子臥室牆壁不可貼奇形怪狀的動物畫像—易作怪夢。
20. 孩子臥定牆壁不可貼武士戰鬥之圖—避免孩子心靈上產生好鬥、狠恨之心態。
21. 孩子臥室地板不可鋪深紅色地氈—好動不安、暴躁。
22. 孩子臥室地板不可鋪長毛地氈—易染支氣管炎病，或皮膚過敏。
23. 孩子臥室牆上不可漆粉紅色—個性暴躁不安、易看色情物。
24. 孩子臥室應儘量整理清潔整齊—否則易養成散亂之習性。
25. 孩子書桌背後及左右不可沖門—不愛讀書。
26. 孩子書桌不可面向廁所—書讀不下去。
27. 孩子書桌不可背靠廁所浴室—考試太差、記性不好。
29. 孩子書桌背後不可沖廁所門—易出外玩耍，或不正經。

30. 孩子書桌不可在樑下或坐在樑下—考試壓力大。

31. 孩子之書桌上不可放音響—讀書不專心。

32. 孩子床頭不可放收錄音機—腦神經會衰弱。

33. 孩子床頭不可放會響的鬧鐘—睡不安寧。

34. 孩子臥室的動物、玩偶盡量少放—作怪夢、讀書不專心。

35. 孩子臥室之動物、玩偶的眼睛如有損壞應丟棄—易中邪。

36. 孩子臥室天花板應以乳白色為佳，不可暗—暗為沒精神多損耗。

37. 孩子臥室進門處不可有鏡子沖門—多口舌是非。

38. 孩子臥室天花板應平坦為佳—讀書專心。

39. 孩子臥室天花板不可裝潢縱橫木—眼花撩亂。

40. 孩子臥室天花板不可懸吊各種怪形飾物—半夜驚嚇。

孩子書桌不可在樓梯邊或沖樓梯

41. 孩子臥室不可懸掛太多風鈴—易使神經衰弱之疾。
42. 孩子床位不可睡在樑下—睡不安穩。
43. 孩子書桌不可在床邊，桌角沖肩膀不利—沒毅力恆心。
44. 孩子書桌面向窗戶，不可陽光太強—易心煩。
45. 孩子書桌不可坐靠陽台之落地窗—讀書不專心。
46. 孩子書桌不可在陽台，上下皆空—坐立不安。
47. 孩子床位不可睡在陽台上—易感冒。
48. 孩子床位不可在廚房爐台上下—脾氣暴躁。
49. 孩子書桌不可在廚房爐台上下—讀書心煩。
50. 孩子床位不可在廁所之上下—胃部不好。
51. 孩子書桌不可在廁所衛浴之上下—污穢文昌。
52. 孩子臥室門不可與廁所門對沖—喜交異性。
53. 孩子臥室不可設在機器房邊—居家不定。
54. 孩子臥室不可設在陽台水池下—身體虛弱。
55. 孩子書桌、床位不可在鍋爐之上下方—心煩不安。

56. 孩子臥室雖小，但不可裝潢太複雜，使空間大點爲吉—不願在家。

57. 孩子臥室燈光不可五光十色，多閃爍之燈爲凶—喜歡娛樂場所。

58. 孩子臥室不可在西曬炎熱方位—會心浮氣躁。

59. 孩子臥室不可在北風煞冷風之位—心不安穩。

家中孩子臥室及書桌，只要不犯上列諸缺點時，相信小孩們成長過中會減少許多障礙。

如何助您考到好成績

若關心您子女的學業，那就應為他們找一個文昌位來助他讀書，用以幫助您子女的思考力和記憶力的增加，甚至還會讓您的子女福至心靈的使考試一帆風順呢！此方法也可應用在大人的事業、升等考試或升遷上，其法則是相同的。

文昌位的選定有三種方法，若以風水觀點來擇文昌位有二種，一、是依門而定的文昌位（文昌貴人），二、是依陽宅而定的文昌位，如此說來，豈非無所適從，其實不然，因它包含有活用的涵蓋性和適應性，這端看地理師如何去應用了，而應用角度也須配合宅卦與主事者之命卦及奇門納氣相為呼應才能產生靈動力。

俗諺云：「十載寒窗無人問，一舉成名天下知。」在古時候讀書人參加科舉考試莫不是為了登科中舉，才能有官可做，因此人人受盡孤寂歲月，堅忍不拔的向前打拼，忍受煎熬，整天啃書苦讀，最終的目就是要一舉成名，能夠光耀門楣。

可是能夠達到目的者，卻有如鳳毛麟角少之又少，於是便又認為是因考運不佳所帶來的影響。而影響考運的吉凶包含有自身的命運，及心情的好壞以及住家環境，但住家環境又可影響心情的好壞，而祖墳風水等，又可影響到您出生八字的好壞，即是俗謂

「一命、二運、三風水、四積功德、五讀書。」這就是說，運用後天來改變自己的際遇，有賴風水與努力讀書，不僅事半功倍，甚至水到渠成。

祭拜文昌帝君祈求帶來好考運，或者尋求文昌位、蓋文昌房，用以增進文昌氣息，締造科甲及第。甚至在古代亦常有地方士紳出錢出力在文昌位方建文昌塔，爲的是要使地方的子弟能夠出人頭地。

現代每逢考期將屆時，各類考生也都面臨一連串的考試壓力，父母在望子成龍、望女成鳳的心理作祟下，對小孩的期許過高，無不想盡各種方法以達到預期目標，由於大多數的學子除了上學、睡覺之外，大部份的時間都會在書房，因此書房擺設當然也會影響到學習情緒與讀書效率，國外環境心理學家實驗發現，精神官能症和神經系統失調症患者，通常都是因爲環境導致神經系統障礙，甚至是由環境因素誘發病變，要想名列前茅、金榜題名，就要有相當強旺的意志力，而意志力和神經系統有相當大的關係，而此又與環境心理產生不可分離之象。

甚本上如果是神經系統失調，就等於您的自我控制力不好，容易陷入情緒不穩或神經失控狀態，導致無法專心全力去讀書與記憶思考，因而影響神經系統最大、最密切的就是光，因此，如果要擁有較強盛的意志力，首先就必需擁有穩定的環境光線，而不同的光線性質和強弱及角度也會影響到視覺感受與反應當時的心情。

因此，在長期的讀書環境裡，光線須以柔和適亮及穩定爲主，以讓人身的神經系統能夠習慣於穩定的狀態，如此才會產生良好的讀書效果，無論白天、晚上在看近或看遠的事物時，都需要有適宜的光線，尤其夜晚，如果光線太弱，眼睛爲了要看清物體，只好加強眼球的調節作用，才能使焦距清楚，但是時間持久的話，會使眼睛產生疲勞、頭腦暈眩，精神不佳、意志力無法集中等缺點。

同理，光線太強雖然比較能看清事物，但是視力的敏銳度也有一定的範圍，當光線的亮度超逾眼睛所能負荷的範圍時，不僅沒有益處，反而對視力有不好的影響，因爲強光對於眼睛、腦、神經系統的刺激度也是非常強的，時間久了也會使神經系統產生過度亢奮狀態，意志力也無法集中，光線太弱的話，也會減低神經系統處於不穩定的狀態，意志力也難以集中，因此書房的擺設，除了考量室內傢俱的造形，及四周的顏色與整體空間的協調性配合之外，燈光照明方面，更是一個不可忽視的關鍵。

由於照明器具會產生磁性反應，所以照明器具會改變書房的方位磁性，把燈具裝在牆壁上採用間接照明，或者採用接近自然光的照明設備，利用光線的層次，可以緩和神經系統，讓神經系統穩定下來，心情也就會安定下來。

簡言之，對於書房的擺設，著重於窗明几淨，因爲在窗明几淨的環境之中，人的心情容易平靜，而且頭腦也會較清醒，意志力也較容易集中，精神貫注，因此讀書的效果也容易事半功倍，書房中最重要的擺設是書桌，在許多家庭中，侷限於空間的關係，往往會把書桌朝著牆壁擺放，認爲這樣子小孩就會心無旁貸，專心唸書，其實這種想法是錯誤的，小孩長期的面壁讀書，會使小孩潛意識中常常有碰壁的感覺，無形之中在思想和處事都會受到很大的侷限而揮灑不開，思考力也就不太靈活。

因此書房宜有寬闊的空間及讓人心曠神怡、明亮的光線，使人精神振作，而且還可擺設一些綠色的植物，當讀書疲累的時候，舉目一望，看到綠色植物，精神就會輕鬆，眼睛也會舒暢。

至於，書桌擺設的位置，到底應該在書房的什麼方位上，對於考試才會產生無形的靈動助力？下文有專述它的方法，或許我們可以不去在意傳統風水學的理論，但是我們無法否認環境確實會對我們造成一種無形且深遠的影響，如果懂得去善用，問題自然就可迎刃而解，本文特從住家風水的觀點，提出對學子考運有所幫助的方法。

㈠依門而定的文昌位

現在先介紹風水上第一種文昌位。在尚未介紹之前，首先要打破迷信風水的觀念，風水是助運的，不是主運，主運是自己的因果與努力，不可混淆不清。第一種方法是以門爲主的文昌位，即不問是八宅中的那一種宅向、不問坐山、不問方位、不問命卦所屬喜用，而純粹以門來決定「文昌位」（大門、書房門、住房門），這是最簡便的文昌位，凡是門的左邊靠牆的一角，便是文昌位，簡單的圖表如後頁所示，但如家宅的大門開在左邊，或者左邊作了其他用途，如廚房、廁所等，那麼可以另闢一書房，書房的門開在中間，或是開在右邊（面向門外定左右），留下左邊做爲安放書桌的空間，倘若如果沒有書房，亦可以臥室爲準，左邊靠牆的角落是安放書桌的文昌位。

㈡以三元九運卦而定的文昌位

另一種風水學上的文昌位，是依卦運、三元地理，九運分時而論，在現今的運程時期，是下元八運（二〇〇三～二〇二二），文昌位是在坎方，即是北方，這個方法也很簡單，不管門是開在那裡，只要用羅經（羅盤）量出家屋的正北方角落處，就是文昌位。

今以南北向的房屋爲例來闡述文昌位的選擇方位

假定正北方無法爲讀書、辦公之位時，那麼就以羅經中地盤的巽方（東南方），這個方位是沒有三元九運限制的，也就是不受時間的約束，固定在東南方，這是即簡單又利於讀書和準備考試的最佳辦公讀書的好方位。

以上介紹了二種選擇文昌位的方位，都是很有效，爲什麼有二種呢？這就是從事地理風水指導工作的人，爲了在不同的環境之下，所可能發生不方便的情況，於是煞費苦心，多找幾種方法，以適應二種不同情況的需求。二種方法的效果都一樣，但如一定要加以比較，本人建議依介紹的順序來排優先之分。還有一種，下列第三種方法，是依八字命理神煞之說的方法，來尋找的文昌位，這種方法比較細分，當然效果也會精細些。

㈢依貴人而定的文昌位

貴人之說本來不是八字命理中的東西，而是果老星宗及擇日學的星宿併入八字命理，以爲人性化的實際演用，且頗有其靈驗性，演用久了也就成爲八字命理中密切的論命要件之一，八字命理中的文昌貴人，還原作爲方位用，也就是文昌位了，把文昌貴人用方位來提示擺放書桌、辦公桌，幾乎是屢試不爽，效果立竿見影，當然更須配合奇門遁甲和納氣法，則效果更佳更驗。

因爲比較細密，所以應在擺放書桌、辦公桌的房門口出入位及桌位，配合奇門納氣法的，方有其靈動力的，否則其效果必減半，故一般讀者在應用上，恐怕比較困難，但請不要怕難，如有難以理解之處，筆者建議您應聘請專業的老師來幫您佈局。

如果不知日柱天干如何找，那麼用歲次就比較容易了，例如：民國六十年是歲次辛亥年，辛是天干，亥是地支，用辛爲主來找文昌位也是有效果，當然如果能用日柱天干的話效果會更好，舉出簡單的「十二方位圖」如後頁所示，按圖便可定出適當、特定個人的文昌位來，另有一首「文昌貴人」的歌謠，不妨先練習一下，對您在尋找文昌位有所幫忙的！

文昌貴人歌訣：甲巳乙午報君知，丙戊申宮丁己雞，庚豬辛鼠壬逢虎，癸人見卯入雲梯。

第一句話是說：甲年（或甲日）生人，文昌位在巳方。（東南方）

乙年（或乙日）生人，文昌位在午方。（正南方）

第二句話是說：丙年（或丙日）及戊年（或戊日）生人，文昌位在申方。（西南方）

丁年（或丁日）及己年（或己日）生人，文昌位在酉方。（正西方）

第三句話是說：庚年（或庚日）生人，文昌位在亥方。（西北方）

辛年（或辛日）生人，文昌位在子方。（正北方）

壬年（或壬日）生人，文昌位在寅方。（東北方）

第四句話是說：癸年（或癸日）生的人文昌位在卯方。（正東方）

圖：

三元九運陽宅文昌位及財位

將住家劃分成九宮後，再來尋找文昌位、財位、生旺方、五黃方等，更須配合奇門遁甲上乘納氣法及應用先天奇門遁甲而諏選良辰吉日來安置，則天時、地利、人和三者俱全，在三才配合之下，使在宅內公司的企劃部門之人員或子女得文昌位，能幫助其思考能力，增加記憶力，考試一帆風順、金榜題名，企劃構思人員能時時有新的創意、靈感與發明，爲公司賺取大筆鈔票，財位是爲公司或每個家庭的經濟命脈，若掌握得宜，發財不難。後註圖表，按圖索驥，（僅適用於九十二年至一百一十一年，八白運。）

※文昌位之處理，可請敕文昌筆或水晶琉璃文昌塔，掛於書桌，或懸掛魁星踏斗圖於牆壁上效應頗佳。

※財位可取奇門遁甲，依主事者陽宅卦位取天遁、人遁、地遁、龍遁、虎遁、風遁、雲遁、神遁、鬼遁或一卦純清，地元一氣，天地定位，山澤通氣，雷風相搏，水火不相射，龍反首，鳥跌穴，玉女守門，或以三元卦氣之生入剋入生出剋出之法等，諸吉格之時間，置放五寶及五路財神符，或琉璃旺財聚寶盆，催財甚速！

※陽宅除了尋找生旺卦之方位外，更應配合納氣法，招納生旺之卦，及配合主事者

之八字喜用，再以奇門遁甲選時納吉呈祥，方能達其特定之功效。

文昌筆或琉璃文昌塔或琉璃旺財聚寶盆等旺財吉祥物之敕請，應於黃道吉日純陽罡之時（子時或午時），由功德深厚之法師來敕請效果會更好，並配合主事者之生辰八字及陽宅卦氣，以奇門遁甲諏吉，置於書桌或辦公桌之右方，再於左方置一個圓形檯燈，而求財者可將聚財寶物放於旺財方位上，中間點燃淨香末，此時眞是嬝嬝清香通天達地，讓人之靈感有如神助，文思如泉湧，而達妙筆生花之妙，異香撲鼻，滿室生香，讓人心曠神怡，而達無慾無望之境界，凡事心清則靈，此筆者屢試不爽，願與讀者分享，更有以奇門遁甲開運印鑑配合文昌筆使用，此法適用於上班族之升官或求緣及貴人最佳，應以主事者之八字喜用爲主，配合先天奇門遁甲盤，取良辰吉日雕刻，開光點眼，更以奇門遁甲諏吉時用印用筆，百試百驗，有緣者不妨試之。

揭開文昌位千年秘法的底牌及助您開啓智慧升遷順遂如意法門

千年以來，五秘『山、醫、命、卜、相』各別流傳，且常因門戶之主觀短見，門牆高築而欲求隱私，且又以秘藝自珍而不洩方道爲高深之學術，縱入門派，苟非其人，亦不輕傳，以致諸多千年秘法，竟成絕響，學術有道之士，竟然皆患主觀短見之通病，嗚呼哀哉！可嘆！亦可悲啊！

我雖非勸世道長者，到底執爲三清弟子，習涉紫微斗數，深明斗數祖師爺希夷先生《心相篇》所謂：「惜才吝教，己無成，人亦無成。」之要義，及太上大道之「清淨自然無爲」之開釋，不忍「開智催官」「千年秘法」秘而又密的秘藝自珍，秘到現在已成傳說，如再秘而自秘的不予公開，恐將淪沒絕傳而絕響。

學識、學術，溫故而知新，反覆溫習，熟而成巧，巧而靈活通變：傳道授業之授受相對間，雖授而無損於一己學涵，雖受而不無一疑之承所授，有所疑則必問於授業者，授業者爲釋受業者之疑而問，常是激蕩腦力學涵以爲釋疑，或學未及於所疑，或疏而不及所疑，或粗而不力所疑，因觸所疑而旁通，正是古人所謂「教學相長」之道也！

假如我有秘藝而自珍，不肯公開說出來，誰會相信我確使知道這些秘密？這對我來說並沒有什麼好處呢？既然得不到什麼好處又何必擁祕自藏呢？如此，反而會造成學而不時習之，久曠而自忘之遺憾與缺失！這對於我來說反而有損無益。

假如我把秘法公開說出來，無損於我的知識學涵，說不定還給我帶來一點小有名氣，俗語說：「虎死留皮，人死留名。」能夠有一點小有名氣，豈不亦得到小有成就之滿足感而自樂悅乎！況且又可補人先天不足之缺失，如此豈不是自悅而又救人呼！

大凡陽宅皆重陽宅文昌位，諸家文昌位各有取用不同，諸說紛紜而各自爲說，萬紫千紅，莫衷一是而徒生困擾。

不僅陽宅家注重「文昌」之「文昌位」，紫微斗數推命術亦相對於星命與祿命之注重生命落土時而特別注重依人生時安佈之「文昌」、「文曲」二吉曜。

紫微斗數沿承古代天文星相影響而左右國祚宿命的概念，認爲天上諸星爲人間之「本會星」，天上有許多有關古代士農工商之科舉功名的星曜，「文昌星」爲「文魁星」，主科甲之金榜題名的榜首；「文曲星」爲「文車星」、「文運星」，亦爲主科甲之星，雖然「學富五車」，卻不若「文魁星」之「文曲星」的『才高八斗』、『學有專長』的長於科舉應試鰲頭奪魁的中狀元，但以「學富五車」，學識、知識、見識廣博，雖然不一定考得上狀元，但輕輕鬆鬆的金榜題名是主科名，但逢春試、秋試，值占科名就像「桌頂拿柑」一樣的「易如反掌」，舉手之勞罷了！

紫微斗數將「文昌」、「文曲」二星相提並論，安佈於命盤上而固定於對照分合之相對位置而爲相輔相乘，並不刻意加以區分，反正「才高八斗」也好，「學富五車」也好，考試還須要有一點考運才行，眞才實學再加上一點點好的考運，就算不能鰲頭獨佔，金榜題名大概不成問題！

然則，民間的刻曲與說部章回小說，卻不重「文昌星」之下降凡間，當狀元的好戲上演，「文昌星」總是好像永遠高高在上，不肯降貴移尊的到人間似的！總是以文曲星下凡爲主軸戲。

然則「文昌」也罷，「文曲」也罷，民間模糊的概念中，這些掌理人間科甲文墨，應科甲考試的「科星」之神，它掌理著「文昌府」事務與人間祿籍，誰該當官？什麼時候當官？當什麼官？升遷革退？該不該當官？是農？是工？是匠？或是勞役、苦役、販夫走卒？供奉拜拜祀「文昌星」，以祈禱「開智竅」、賜與智慧，以助人之才學智慧的開啓而助旺官運前程，因此就連小老百姓也都希望供奉拜祀「文昌星」而使職業順遂成就！

民俗信仰中，執掌天上文衡的「文昌星」有「五文昌生」，宋朝以降皆各受奉祀拜，爲「文昌梓潼帝君」、「南宮孚佑帝君呂洞賓」、「關聖帝君恩主公」、「朱衣朱熹神君」、「魁斗星君（魁星）」。

民俗信仰中，讀書人奉祀拜拜「五文昌」，即使不能讓「五文昌」之獨鍾偏愛的「開智慧」、「旺官運」，但若能隨便得到保佑而賜贈「才情」、「學緣」，使人變得機伶而善模倣學習的認識一些字，總比大字、小字都不認識的好！

民俗信仰雖然自歸於民俗信仰，但是信仰與紫微斗數、陽宅文昌位等相互糾纏，不期然而然的衍生「非信仰」的「習俗信仰」，不知何時開始、陽宅注重講究「文昌位」，紫微斗數注重而探討「文昌」、「文曲」，四柱八字的「子平術」悄悄然的以「五行長生爲學堂，五行臨官爲詞館」而秘昌曲名義，究竟子平術所謂的「學堂」、「詞館」實際上即爲紫微斗數的「文昌」、「文曲」，但以二者名義不同，術用各別，也沒有什麼必要將二者結合在一起，倒是民俗信仰中卻衍生了「文昌位掛文昌筆」、「文昌位置放文昌塔」、「文昌位掛魁星圖」的「非信仰」但卻又篤信的民間「習俗信仰」，一般認爲能增益「文昌位」之文衡，文昌感應，既有裝璜美化之意義，又無形產生類於信仰的莫名信心，不論是否有「開智慧」、「助官旺」之感應、效應，反正相信而不迷信，也不會有什麼不好的影響！

雖然，你我生辰八字內有文昌，陽宅有文昌，流年月日時有文昌，如何判定就要大費思量而大費周章，姑且己判定本年與日主與住宅之文昌位，掛文昌筆或掛魁星圖及置水晶或琉璃文昌塔之理論上應該可互相適配，一旦判定而吊筆掛圖，不妨自爲體會感應，試於文昌位上，除了掛文昌筆與卦魁星圖或置文昌塔外，加上自己本身用功讀書寫字專心，而耐心且有恆心而很專注地去努力打拼，必然會有所長進或大有進步的。

苟或無法體會，不知感應，雖不見長進，但若能心平靜氣的用功讀書、寫作課業，期以歲月，也自應有所成才對。又或於判定文昌位上雖有掛文昌筆掛魁星圖置文昌塔，還是無法心平氣靜的用功讀書，又或雖用功而不能專心，功課反而退步或懈怠者，則所判定之文昌位非真，縱真亦與您的生命主文昌位沒有適配，當另擇請名師為您判定文昌位方是上策！

找文昌位方法如下：

據說文昌位要掛文昌筆、掛魁星圖、或文昌塔，是有其方法的：第一：必須先請功力深厚且有經驗的法師，為您的文昌筆與魁星圖及文昌塔做開光點眼，及請神加持才會有靈動力的產生；第二：是以房屋的坐向方位及本人的八字中判定文昌位的位置，然後，以此為書房並以便吊掛文昌筆或水晶琉璃文昌塔與掛魁星圖；第三：是文昌筆與魁星圖或文昌塔，必須掛在以文昌位做為書房的生旺卦位才會有所感應；第四：還必須以房屋的坐向配合本人之八字及請地理師或命理師，以奇門遁甲之術為您佈局與諏選良辰吉日，如此才能得到開啓智慧、旺官運的功效。

總之，且暫時相信於文昌位上掛文昌筆、掛魁星圖及文昌塔，非信仰的習俗傳說，不論是否千年傳說的能夠助官旺與開智慧，縱然傳說是烏托子虛，亦不會毀損破壞到原來居家進宅之原來建築及裝璜擺飾，若又兼有美化之效果，何不姑妄聽而試之？

一般父母者，除了在兒女書房的擺設，大費周章以外，甚致於也會聘請風水地理師爲其居家兒女書房判尋文昌位，以利兒女金榜題名外，更會爲了子女的考試到文昌廟去拜文昌神，以祈求文昌神庇佑能考到好成績，金榜題名！而祭拜之時必須用芹菜、蒜、竹筍、豆乾、菜頭等供品，若是拜魁星爺還須加上魚頭，以祈求考試能占鰲頭，以上的供品主要的作用就是祈求文昌神賜予「聰明、勤學、做官、順利、好彩頭」的吉兆，而在我們民俗上有二文昌與五文昌說法，三文昌指的是：文昌帝君、大魁夫子（魁星爺）、紫陽夫子（朱文公—朱熹），五文昌是：除了以上三文昌之外，再加上孚佑帝君、關帝君，合稱五文昌，那麼每一個住家都有文昌位嗎？是的，每一個住家都有文昌位，但是須知由於住家的坐向不同，所以文昌位的位置也不相同，如何才能找出住家的文昌位？在此提供一個非常簡單，人人都可立即知道的文昌位。首先須知道住家的坐山。即是住屋是坐東向西，或是坐北向南……等等。以坐的方向爲基準，然後查閱後方表格就可以找出文昌方位了。

文昌位	一白方	四綠方
坎宅 （坐北朝南）	中宮方	東北方
離宅 （坐南朝北）	西北方	南方
震宅 （坐東朝西）	東方	西北方
巽宅 （坐東南朝西北）	西南方	中宮方
乾宅 （坐西北朝東南）	南方	東方
坤宅 （坐西南朝東北）	東南方	西方
艮宅 （坐東北朝西南）	西方	北方
兑宅 （坐西朝東）	東北方	西南方

文昌位、財位便覽圖

		財位
財位	文昌位	
	文昌位	

向盤↓坐山

坐西向東　庚山甲向
座標 247.5°～262.5°

文昌位		
		財位
		財位

向盤↑坐山

坐西北向東南　戌山辰向
座標 292.5°～307.5°

	文昌位	
	文昌位	財位
財位		

向盤↓坐山

坐西向東　酉辛向卯乙
座標 262.5°～292.5°

財位		文昌位
財位		

向盤↑坐山

坐西北向東南　乾亥向巽巳
座標 307.5°～337.5°

文昌位		財位
財位		文昌位

向盤↓坐山

坐南向北　午丁向子癸
座標 172.5°～202.5°

	文昌位	
		財位
財位		文昌位

向盤↑坐山

坐西南向東北　未山丑向
座標 202.5°～217.5°

	財位	
文昌位		
文昌位	財位	

向盤↓坐山

坐南向北　丙山壬向
座標 157.5°～172.5°

文昌位		財位
財位		文昌位

向盤↑坐山

坐西南向東北　坤申向艮寅
座標 217.5°～247.5°

文昌位、財位便覽圖

	文昌位	
	文昌位	財位
		財位

向盤↓坐山

坐東向西　卯乙向酉辛
座標 82.5°～112.5°

文昌位		
	財位	
		財位

向盤↑坐山

坐東南向西北　巽巳向乾亥
座標 127.5°～157.5°

財位		
財位	文昌位	
	文昌位	

向盤↓坐山

坐東向西　甲山庚向
座標 67.5°～82.5°

財位		
	財位	
		文昌位

向盤↑坐山

坐東南向西北　辰山戌向
座標 112.5°～127.5°

	財位	文昌位
		文昌位
財位		

向盤↓坐山

坐北向南　子癸向午丁
座標 352.5°～22.5°

		財位
	財位	文昌位

向盤↑坐山

坐東北向西南　丑山未向
座標 22.5°～37.5°

文昌位		
文昌位	財位	

向盤↓坐山

坐北向南　壬山丙向
座標 337.5°～352.5°

文昌位	財位	
財位		

向盤↑坐山

坐東北向西南　艮寅向坤申
座標 37.5°～67.5°

古訣云：「凡作書房，宜在本宅一白、四綠方上，一白、四綠間內；又宜開一白、或四綠方，當作書房來讀書，成績與記憶力會提高，思考能力也會增強，不信的話，可以試試看，一定會令您有意料之外的驚嘆！」

教您如何從陽宅來招財進寶

擁有許多財富，是每一個人的願望，因爲擁有金錢不僅能夠更接近幸福，而且又能靈活運用於日常生活上，而去享受生活及生活享受，如此您的人生將是多彩多姿的。不過並不是每個人天生下來就能夠擁有很多財富，於是每個人在其一生之中總是不斷的在爲了追求更多的財富而努力奮鬥，期使金錢能滾滾來，然而想要有成功的機會，而能成爲財運亨通的有錢人，還是有很長的一段路要走。

因此，本文是從陽宅風水的理論觀點，提出一些能帶來財運的風水法則，希望您能巧妙地應用，有朝一日也能成爲有錢人，並帶給您快樂、幸福與滿足的人生，但要記得您有了錢財以後，必須多行善事、孝敬父母長輩，並時時刻刻幫助人，如此，您的財運才能永續的一直持有，而不會有富不過三代之嘆！

許多人爲了使金錢滾滾而來，常在屋宇的某處做了風水的改善與擺設，從古今中外，都一致認爲善用吉利方位及具有吉祥的空間，是您致富的最佳方法。或許現在無論您多窮，只要能確實遵照風水法則，必定能夠成爲大富翁，或者最起碼也能夠改善您的目前經濟情況。縱使您現在有錢，但若不合乎法則，可能有錢也只是短暫的擁有，不

妨，運用固有的陽宅學術理論去進行風水的改善，可使您綿綿不斷的擁有更多的財富。

創造財運亨通的環境靠自己，有人認爲主要有才能，再加上個人的勤奮、努力及適度的節省，想要擁有財富並不困難的事，但也有人認爲想要成爲有錢人，有好的運氣或是利用風水中的吉利能量，就可達到有錢的目的。您個人的想法呢？其實就算個人的才能很好，但是也必需讓其才能有發揮的空間與機會，否則一生只能感嘆「懷才不遇！」而且反觀現今社會上許多有錢人並非人人的才能都很好，但是每個人都是同樣地勤奮的工作，而且也同時擁有上天所賦予每個人的義務與權利，但是爲什麼芸芸衆生中之大多數人，僅能求個溫飽，離有錢還是一段距離，也可以說要想賺大錢單是憑藉努力工作是不夠的！

每一個人、每一棵樹、每一幅畫、每一滴水、每一個擺設都是風水都是生活

因爲只要您了解家局的風水，就可掌握了家居環境的內外五行，如此就可鞏固家中的吉利方位，而化解家居的煞氣，而使您的居家風水得到陰陽的協調，讓您完全的掌握到居家風水的地利環境，這就是選對了有利於您的旺財方位，使您獲得了強而有力的發展空間，而得到了自我更新及激發出一個創新發展的思維以增強您的自我信心及奠定了邁向成功的第一步，這是您的基礎也是任何一個渴望成功的人士，所必備的條件，這就是好好的利用您週遭的一棵樹、一幅畫、一滴水、一個人，以營造一個有利於您的發展空間及揮灑的環境，因爲這些都是您的生活，也都是風水，您說是嗎？

俗諺說：「人兩腳，錢四腳。」由此可歸納出一個結論，就是不斷勤奮的工作加上才能的發揮及機運就等於成功致富。而良好的機運包含了先天與生俱來的生辰八字與後天風水吉祥的佈局，因此，機遇自始至終是追求財富不可缺少的因素。也可以說不論多麼有才能的人，若是運氣不佳，是無法成功致富的，又無論多麼努力，運氣不好的話，也一定不會致富的。

易言之，要在金錢與事業上有一番的成就，一個人的魄力、能量、環境、時代背景是很重要的，並且一定要堅信自己必有成功致富的才能與意念，爲了自己的幸福而實際去身體力行，竭盡所能活用自己，掌握機遇，包含在環境中的運（陽宅風水），是您自己可以主宰的，若是您想要在您的住家創造可以致富的環境，首先就是要善用自己週遭的風水能量。就如我爲人看風水陽宅時，有很多人不懂及不相信風水地理，但在他們的觀念中，仍多少會認爲花同樣的價錢買房子，爲什麼不買一住起來順逐、興旺、賺錢而少災難、疾病的房子呢？但仍是有很多不相信風水地理的人，還是在購買房子的時候，請我去幫他們鑑定其房子是否適合、有無吉凶及瑕疵缺點，甚至把我介紹給他們的親朋

好友。

每當我幫人鑑相陽宅時，大部份的人都會問：「我家的財位在那裡？我家的文昌位在那裡？」諸如此類的問題，而問財位，當然是想藉著陽宅磁場感應，讓其本人財利順暢；問文昌的，也當然要讓我們內在文思才學：包括理解力、思考力、判斷力、向心力、親和力、閱讀力、記憶力及文書往來、契訂合約、生意商機之文件、訂盟等順暢，希望能夠影其本人之官運、事業運、兒女的讀書運、考試運，及家宅人士之和諧健康等。

有人主張每一個房間都有財位、財庫位。有的主張以客廳、辦公室爲主。本人認爲財庫位當以本宅的財方爲主，其影響感應最大，其次爲客廳的財位，其他房間的財位又次之，很多人及很多書本上皆介紹財位是在大門入口的斜對角，如開中門時財位則在左右兩個角落等：：。在此，我將其細分爲以下幾點：

1、就以開中門而言，其財位應以左斜角爲佳，其實那不是眞正的財位，只是副財位或輔助財位，而且那個地方還不可開窗或開門，請讀者明辨之。

2、如沒有財位，則可以用其它方式來協助之，如隔間加放盆景助財或置陽宅吉祥物，如琉璃聚寶盆等來旺財。而眞正的財位，應以羅盤來格劃出正確的方位，以宅卦的格局來論財位，而應以本宅之大門爲主要鑑定依據。

3、方位學之財位，應要能藏風聚氣，否則散氣散財，氣散則無財，變成有財無庫，因此財位不能作通道用，因財位須在不動方（很少走動的地方），避免作通道，以免氣流流動，散而不聚，則財雖有但財來財去，聚不住財。開窗或開門爲散氣，因此於財位上不可開窗、開門，恐有洩氣破財之虞，且財位上之光線不可太亮或太暗，光線應柔和爲佳，財位之納氣應納生旺之氣爲佳，且納氣宜以三元六十甲子配六十四卦之三元先天卦運，及卦氣之生入剋入生出剋出之理，而以順當運之旺卦氣爲上吉，並與宅主之命卦互相順生爲佳。

4、財位之處應禁忌牆壁污穢、漏水、破裂、斑剝，以免財利有暗損之悶。

5、財位忌煮食或燃燒物品，因熱能之關係，會使該處之氣流發生變化，導致財利慾望之轉變，而使財利發生轉變，好壞的差距大，故絕對不可放瓦斯爐、電鍋之類的產品。

6、財位上如放置大型金庫保管箱，則有財露白之虞，應以屏風、櫃子等遮蔽隱藏之或以櫃子裝納之；亦忌開窗，如在財位開窗，其納氣及窗口空氣對流不佳，會有財來財去之虞，此時如果又貼上招財進寶之紅色紙張的話，正好像告訴人家，說我這邊有財寶，歡迎光臨惠顧，則破財之象時而有見也。

7、很多人喜於財位上置水族箱養魚，水族箱應以奇數爲佳，且忌設置多個水族箱，如先置一水族箱，隔一段時日在增設一或二水族箱，則有破財，守不住財之虞。究其原因是動蕩不穩，而且是水族箱只有魚，或些許小石頭，或一點水生植物，如此五行不全不能相生，故財運時好壞。

8、財位上置水族箱養魚，宜配合本宅卦氣來決定養魚的數目，以養五色魚，或有五種顏色之魚亦可，財位上之水族箱忌移來動去，主財氣浮移不定，不佳。

9、魚缸高度不可高於成人的心臟，也不可低過膝部。

10、金魚的數目宜單數不宜雙數，因單數爲陽，雙數爲陰，而陰氣太重，金魚易死，尚若死掉了，應隨即補換上。

11、魚缸的形狀要配合位置，如果在牆角，魚缸宜用三角形，如靠近門口，則宜圓柱，如在牆的中間，必須是長方形的爲佳。

12、初次養魚，最好擇一黃道吉日，凡值天德、月德、天月合德、天喜、天醫或成月、開日、定日、執日、均吉，或以奇門遁甲、九星八門卦象，天星選擇來諏取吉日，放水養魚。

13、財位上忌設置噴泉或瀑布，主財氣流散不聚財，尤更忌噴泉瀑布流水量非常大，則不可不愼。

14、水主財，可做「滾滾財源」，如滴水觀音送財盤，取象財源滾滾，以水晶石或玉石球來做「滾滾財源」或做假山假水之景觀，有山有水，且有綠色之樹木，並有銅製水車，內有玉球石以達五行相生而旺財，上置柔和燈光照射，及盆景內有土象徵金木水火土五行相生使財源相生不息滾滾而來，但滾滾財源之水流聲不可太大，否則易造成磁場波之改變，雖然賺錢而情緒不穩定，壓力大而脾氣暴燥。如置山水景觀時，應以主事者之八字配合陽宅來設置，再以奇門之神遁、鬼遁、天遁等吉課，諏以三奇吉課入寶，水池忌太深，應以水清見底，池底微隆，景觀之東有樹木、南有燈光、西有金屬、北有清水，以象五行相生。

15、陽宅之財位可補救出生年月日時之先天命運的不足之處，如其人眞正有財運而無財庫者，經我長期從事相宅處理財位，財庫的實際經驗，確實證明可收到助財旺庫之效應。

16、金庫上可置圓葉且葉厚之綠色盆景，旁置滴水觀音送財水車盤，或是琉璃聚寶盆，而滾滾財源內須裝水晶、龍銀元，上以柔和燈光照射，以成財入庫之好現象，加上木碳可延生出好的財運來，但其內中所裝之水，如是普通之自來水則其靈動力減半，望讀者仔細推敲爲要。

17、財位不能有缺陷、削角、凸角或橫樑，必使財位成空門而爲空庫，聚不住財，故財位必要純正、圓滿、端莊爲佳。

18、財位上忌放醫療藥物、藥包、醫療器材、葫蘆、主疾病纏綿，賺來的錢買藥吃。

19、財位上不可有尖角沖射，因尖角之沖射力大，故財位上避免放置有尖角之物件或傢俱。

20、財位上不宜堆放雜物、拖鞋，將會有蛛網，結果會使財運阻滯難進，或蹭蹬不進財。

21、財位可安置財神爺，或擺置福祿壽，或是琉璃聚寶盆或十二生肖聚寶盆。象徵招財進寶，福祿壽喜迎門而來。

22、財位忌選擇尖葉、針葉（如仙人掌）之植物盆栽，亦忌會開花的盆栽，應以葉大、葉厚、葉圓，且有泥土栽培之非水生植物爲佳，因爲水生植物象意財浮不聚，水亦易生蚊蟲，不好。

23、財位上最宜擺放辦公桌、收銀機、安床位或安神、祖先牌位，皆主吉利。因此許多人總希望風水先生來鑑定財位，藉以爲修補改善，以期人口平安而達招財進寶之功效。

24、如在財位安置大船入港之吉祥物時，不管此船是金屬製品，或是木製品，應於底處加上水青色之布條，象徵船於水中行駛，旁應有水，如此才使財源綿綿不斷，否則常是好壞速見。

25、門口或桌上之財神爺，習俗上忌從門口直出，應宜擺放在朝財位之處是佳。

26、財位之納氣是屬旺氣之氣時，亦可置放大型之花瓶，以利囤積財寶之兆，但亦應以陽宅之宅氣，主事者之生辰八字，以奇門遁甲諏吉按放入寶方是大功告成。

27、其實亦有以吉祥開運納財之印鑑來助財運之生旺，及貴人之明現，其法是以主事者之生辰八字五行生旺喜忌爲用神，再配合先天奇門遁甲之吉祥方位，取吉祥之良辰吉日塑雕及開光點眼後，並以奇門遁甲諏取吉日吉時用印效果其佳。

擁有吉利的空間環境，並且在此出入工作，由於這比較容易吸引空間的財氣能量，如此必然能爲您帶來財運，實現致富發財的理想，風水是具有強大的力量，它所放射的能量，雖然無形可見，但任何人一旦付諸實行後，必有其成效出現，因此，爲了成爲一個有財運的人，只有自己去創造出一個能聚集財運的環境，而當您爲了想招來財運而努力時，有財運的人就會陸續與您結緣，在此，提供您一些有關於旺財位的應用方法，以供您參考。

六六大順—開門見喜DIY

想要擁有好的財運與運氣，不外乎個人的努力與奮鬥，但是更重要的一點就是您必須要時時保持一顆清醒安靜的腦袋及爲善的心念，如此才能使您的反應敏捷、思考能力細膩、動而不亂、富有前瞻性，使您眞正成爲一個能夠創造財富的能者，要達到這些是有小祕訣的，就是當您思緒不佳時，可以在您的客廳、辦公桌、書桌上，擺放靜香盤、或小微盤香，經過點燃後，所散發出來的嬝嬝清香，有如臨於仙境，營造清靜氣氛，使場內、室內的磁場到達靈動力最旺盛不雜的情況，有助於您的思考，不妨試試哦！

第一個方法：

若您認爲自己的財運不是很好、或流年不順時，可以選擇每個農曆的初一、十五於上午前往天公廟或財神廟祭拜祈福，或於農曆每月的二十七日早上五點到七點面向東方，祈求太陽神君爲您帶來好運，或者於農曆每月的初二、十六下午前往土地公廟祭拜祈願，但必須懷著虔誠尊敬感恩及爲善的心念，及要做到孝敬雙親及尊長的孝行，再以上等無污染的環保香品去祭祀，因人與神佛在不同的境界，也就是不同的空間，故唯獨靠著香枝，才能通天庭與下達地府，而使三界內外諸神仙聖佛有所感應，因此香枝的優劣是決定其感應與互通的程度，所以選擇上好的香枝及淨香末來祭拜是必然的，所謂燒好香有好感應，燒劣香不感不應，這樣是得不到神佛的感應及神擇賜福旺財、平安之福應。

第二個方法：

可由您住家之財氣方位出發，行走前往吉祥方，例如：您住家的財氣位在南方，您就由住家內南方處出發，步行前往吉祥貴人方位，遇見有河流或是空曠等地，就可停住，然後雙手拍掌，用力唸：「厄運消除、好運來臨，旺財發發發！」接著您的左腳同時往地下踩踏三下（切記，出發前要先以淨香末淨撒身體，將您身上不乾淨的穢氣淨除，並且幫助您提神醒腦，使您精神百倍，如此才可以收到好的成效），回來以後也必須點燃上好的淨香末，來淨除身上的雜氣及不乾淨的穢氣，並迎接吉氣入您家宅，幫助您旺財，如此可將無法聚財的厄運驅除，這個方法可以每個月進行一次。

第三個方法：

可以浴缸內放進白、紫、黃、紅的花瓣各一（或是芙蓉、茉草葉七瓣），泡澡一小時左右，以祛除體內厄運，以求取獲得好運與招財的機會，每週最好進行一次，連續進行三個月，這個方法對祛除厄運、增進財運效果不錯。

第四個方法：

由於人們長期處於同樣的工作環境，時間久了，就會變成習慣，而且運氣的好壞也會有所更迭，因此為了保持長久的平順與佳運，就必須去改變環境、改變想法、改變之感受視野，一般人都忽略了它的重要性，這個方法很簡單，您若是感覺心情不好、情緒不佳時，不妨馬上離開這個環境，然後前往附近百貨公司、咖啡店等休閒場所稍做休息，讓您的束縛減輕，心情呈現平靜，並且稍微調整本身為人處事上的態度，做為幸運的能量，因為良好運氣就這樣一點一滴累積起來的。但您還是必須堅守一個運用法則，就是您依每日的吉祥位、喜神位、貴人方位、文昌方位等，去行走到您要去的地方，如又能配合奇門遁甲求財的方位，其效果更明顯快速。

第五個方法：

爲了招來好的財運及帶來好財運的靈動力量，其實可以在身上佩戴「金色的觀音佛相鍊」，但這鍊子必須經由功力高深、道德修養的法師來加持開光點眼，才會有無形的靈動力，或可戴帶金色的手錶、金鍊、戒指等物品，以增加其靈動力。

第六個方法：

是要好好的應用您家的每一幅畫、每一棵樹、每一滴水、每一個空間，以營造您的有利空間，因那都是風水，都是生活，都是您的人生，您想要有好的財運，除了本身的才能及不斷的勤奮工作，並加上良好的機運以外，更重要的是須選擇一個良好的工作環境，這是很重要的。且必須透過陽宅旺財方位的設計佈局與擺法，以保持您旺盛的體力與充沛的精神，因爲只要您有旺盛的體力及充沛的精神才能讓您去爲您想擁有及追求的財富去打拼奮鬥。

但是更重要的一點是您必須要時時保持一顆清醒安靜舒爽的腦袋，如此才能使您的反應能力很敏捷、思考的能力細膩、腦筋動而不亂，判斷力果斷、且富有前瞻性，使您眞正的成爲一個能夠創造財富的能者及成功者，而要達到這些是有秘訣的，就是當您覺得精神不好，提不起精神之時，可效法古裝戲刻內之皇帝或大官之辦公桌或書案前或在宴會的廳堂上、或者千金小姊的閨房內或大富人家的客廳、飯廳內部會擺放過個淨香盤，裏面擺放上等的淨香末，經過點燃以後，所散發出來的嬝嬝清香，有如臨於仙境，其清香的芬芳氣味更可使人提神醒腦。而營造出一股祥和安靜、清靜無邪的氣氛，使場內、室內的磁場達到靈動力最旺盛而不雜的情況，如果您遵照上述的千年不傳之旺財秘法去做的話，不久的將來您必將成爲一個擁有巨大財富的經營之神。

第七章
陽宅魚缸的擺設方法

第七章　陽宅魚缸的擺設方法

不論您是否重視金魚在陽宅風水地理學上的功能？其實有很多人都已將飼養金魚當做生活上的閒情逸致，看著生氣蓬勃的金魚在水中游來游去，也能讓人感受到生氣盎然，尤其是在外面經歷人情冷暖，回家後看到鮮艷的金魚也可以讓自己從死氣沉沉中復甦過來。有些獨居老人或人口簡單的家庭，或者是上班的、上學的都出外了，家中只剩下老人家，若在家中唯有看到桌、椅、窗、門、電視機等固定式的這些物件，長期下來心理或許容易產生落寞感，飼養一些金魚，讓心靈上有一份充實的感覺，以減輕幾分命運所帶來的空虛與寂寞。

也有人非常講究養金魚與居家風水的關係，並想藉飼養金魚來改善居家風水磁場，以使財源廣進、事業興旺、好運連連並可化煞解厄，他們也許根本不知飼養金魚會如何影響居家風

水，甚至他們根本不相信飼養金魚能影響自己的運程，但是，他們會認為所養金魚的顏色、種類、數目，以及魚缸的位置，對他們很重要，最起碼要求順眼，而魚缸擺放的位置或金魚的數目、顏色，他們都憑自己的直覺去決定，如果要把養金魚與自己的命卦及宅卦配合，無疑是吹毛求疵，不過，如此隨緣隨意的養魚法，卻也眞有可能產生改善運勢的效果或帶來停滯之運！

改善財運

不過，很多人飼養金魚是想實實在在地改善運勢，尤其是想改善財運，因爲水主財，而魚有餘的諧音，代表「年年有餘」，所以有很多大型的商業機構或商店，都會放置魚缸來飼養金魚，以增加人氣及財運的亨通。

金魚有改造財運的能力，但是必須要飼養

得當，例如：魚缸要放置在吉利的方位上，才能把吉利方位的靈動力催動，再配合自己的命卦及陽宅的坐向來做風水設計。若過分草率，只憑自己的直覺和喜好，就決定養什麼魚和牠的顏色、數目等，也很隨意任性的擺放魚缸，或只以魚缸來遷就現有的擺設，那麼魚缸便可能放在一個凶煞位上，這將使您家的財氣轉化爲凶氣，所以如果魚缸擺放的位置能得到好風水的吉祥感應，可將水氣化爲財氣，財氣化爲人氣，如此您將生意興隆，財源如水滾滾而來。

求桃花運

一般工作就是爲了求財，進財多代表事業順境，勞而有所獲，如果徒然勞碌而不能進財，那只是白忙而已。但是有些人薪酬按年資遞增，除非是升職，否則財運不會有所突破，如此之人儘管居家風水能夠配合財運所需佈置設計裝潢，最多也只是帶來更平穩而已。

有些人飼養金魚，可能一不爲健康、二不爲求財、三不爲事業，只想藉金魚的風水力量，來改善桃花運，令自己能邂逅夢中情人，然後雙雙步入禮堂，成爲佳眷，只要其人不是屬於孤剋的命造，則一般只要利用居家的桃花位，便可以行桃花運，放在桃花位上最理想的風水工具，其實是花瓶與鮮花，但由於此工具放置後，對風水稍有認識的明眼人，一眼便看出當事人的心意，這對於一些害羞含蓄的人來說，似有所不宜，尤其是對於年屆三十餘，而急於想成婚的害羞女子而言，更是如此。所以最好是利用飼養金魚的方法，一方面改善桃花運，另一方面又能保留心事，不讓人發覺心中的秘密，但儘管如此還是忌諱在臥房內飼養金魚。

但是，以飼養金魚求桃花的人，必須要清楚，金魚的力量不及鮮花，而鮮花的力量又不及自己心靈的改造所產生的愛心，所以一切萬物存乎於一己之念而已，只要您有愛心，當您發現您心靈的避風港，必須記得要適時付出您的耐心與愛心，深深抓住這個時機，以您的恒心來表達您的愛心，如此有緣者將成眷屬。

飼養金魚另有一個非常重要的功能，就是化解煞氣，牠們可以化解有形的煞氣於無形中，亦可以藉有形的金魚來化解無形的煞氣。所謂有形的煞氣，既一般所說的「形煞」，它包括諸如天斬煞、路沖煞、天煞、鐮刀煞之類的煞氣，只要符合元運，在向著這些形煞的門前或窗前，適當地放置圓形的魚缸，裡面養黑色的金魚，便能將那些煞氣化去，確保一家平安。

此外，經營某些行業的人煞氣很重，很容易招惹不淨的邪氣和陰物來纏身，他們往往也會聽從風水地理師的指示，在面向大門的位置放一魚缸，以驅除煞氣。

風水魚的種類

平常所稱呼的「金魚」，其實只是個籠統的名詞，「金魚」泛指所有可在家宅內飼養的魚類，牠們不單是金色，更有其他顏色，不單包括那種典型的凸眼金魚，也包括了錦鯉、黑摩利、龍吐珠等，但是每種魚類都有牠們的特性，所以決定飼養哪一種金魚前，必須先瞭解其宜忌及功能，否則養錯金魚改錯運，輕則對生活毫無影響，重則引起不必要的毛病。

一、一般而言，不論在家宅內或是辦公室、店舖，最理想的魚類要算是凸眼金魚，即一般通稱的金魚。金魚的外型細小，神態祥和，在魚缸內暢游時，與人悠然自得的感覺，在燈光或日光照耀下散發金光，鱗光閃閃，欣賞著牠們心情也分外愉快，所以在家宅內欣賞金魚，可以消除勞累，在工作地點欣賞牠們，可以振奮精神，而且飼養金魚對風水的改造是全面性的，既可改善健康、財運、事業，也能促進夫妻感情，也可改善桃花運，更能用於求子得女，或文思泉湧。

金魚可以改善健康，這除了涉及金魚在風水學上的力量外，也涉及很重的心理因素。金魚的相貌很安閒祥和、悠然自得，而金色也叫人看了舒服，因此，一個體弱多病的人，當看到缸內無憂無慮的金魚時，心情便會很自然地鬆弛下來，這對健康很有好處，病情也可望減輕或痊癒。

在財運及事業方面，金魚的色澤金黃，有如一塊一塊的黃金，按照物以類聚的原則，黃金可以招來更多的黃金，這是爲甚麼富者會愈富的原因，而金魚正可以象徵黃金，所以只能將金魚飼養在適當的位置，就有如聚寶盆一般，便能產生招財進寶之效，而事業也更加順利、一帆風順，但最重要的是不管陽宅風水的靈動力有多好，如您本身不去用功打拼，結果還是枉然。

金魚亦可增進夫妻感情，當一對夫婦常爲小事吵架，可以選擇在適當的位置上安放魚缸，飼養一雙金魚，因金魚性情溫和，故在一個魚缸內飼養一雙金魚，溫和的氣氛便可滲透進家宅內的夫婦心裡，重新出現如魚得水、魚水之歡的感應。需注意的是，金魚的數目必須是兩尾，不可只是一尾，亦不可三尾或奇數，否則便破壞了雙雙對對的和諧氣氛。同一個道理，如果孤家寡人想藉飼養金魚改造桃花運，也需要使用一雙金魚，並且將魚缸放置在桃花位上，如此則桃花不斷，可以讓有情人終成眷屬。

金魚亦可以用來求子嗣。一些夫婦結婚經年，房事美滿，而且生殖機能正常，可是卻膝下猶虛，使用金魚也能助求得一男半女。只要按照丈夫的五行，養適合的金魚數目，且其數目必須與太太的五行相生，並飼養在適當的位置上才會有靈動力，而夫妻臥房寢室的氣，也應該以奇門遁甲來納吉祥生旺的卦氣，以求納氣催丁之效果。

飼養金魚也可改善人與人之間的人際關係。人生最大的挫折不在於事業失敗，亦不在於貧困，而是在於人際關係遭逢挫敗，與配偶爭吵、好友反目、父母子女不和、被上司譴責、被同事白眼與鄰居爭端連連，這都會造成心靈上的痛苦。飼養金魚不單可改善夫妻感情，同時也能改善與所有人感情，減輕人際間的磨擦，讓您在遇到困難時有貴人相助。

在居家或辦公室環境內，如無法在適當的位置飼養金魚的話，那只好退而求其次，在牆壁上懸掛一張金魚照片或繪有金魚的圖畫，以面積較大的爲佳，不過這只是權宜之計，最理想的還是飼養活生生的金魚，因爲活的金魚，靈動力也較強較快，是最爲有效的動態催化力量。

二、每逢新春，很多家庭或店鋪都會以鯉魚作菜餚，表示吃過鯉魚，今年便事業得利（利與鯉是諧音）、年年有餘（魚與餘是諧音）且又有鯉魚躍龍門的佳兆，不過吃鯉魚只是取其象意，筆者以爲，更爲有利發財的方法，是飼養鯉魚而不在於吃鯉魚。

飼養鯉魚與飼養金魚，在風水的作用上基本是相同的，一樣可以改善健康、求子女、增加人際關係的和諧，但鯉魚最突出的影響是在於事業與財運或考試上。生意陷入低潮或懷才不遇的人，最適合飼養錦鯉，錦鯉的色彩鮮艷，可令滿屋生輝，並將低沉的事業提升起來。如同金魚一般，若居家、辦公室或店舖內不方便飼養錦鯉，亦可在牆壁上懸掛一幅錦鯉圖，也能有風生水起好運連連之作用。

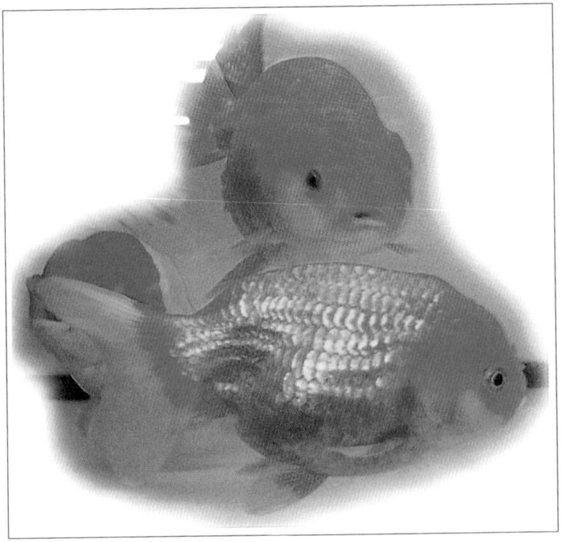

三、金魚和錦鯉都是較有靈氣，故很適合作爲一般改運的風水魚，可是也有些風水魚雖有化煞擋災的功能，但一般家庭卻不適合飼養這類魚，而龍吐珠正是其一。龍吐珠的性格與金魚、鯉魚是南轅北轍，牠們好鬥凶猛，且外型像刀，如放在家內，便如逢「刀煞」一樣，因爲其煞氣太重也。金魚、鯉魚祥和，讓人看了舒服，而龍吐珠卻教人不安。血氣方剛的江湖漢子，因常與人競爭或鬥爭，因此容易招惹煞氣，龍吐珠正好是以煞氣對抗煞氣，以至旗開得勝、化險爲夷，但這種硬鬥的方式能幫忙只是短暫的利益，就長遠來說，未免太福澤淺薄了，爲不利晚運，讀者宜愼之。

至於一些有犯禁違法性質的行業，如八大行業、夜總會、賭場或租售色情影片的商店，飼養龍吐珠都有擋煞的力量，除了有利招財之餘，亦可對抗煞氣。此外偏門的行業，由於經營地點常有充滿慾望與暴戾之氣的人進進出出，故形成一股吸引邪靈、陰物的氣，如果能放置一缸龍吐珠對著大門，並在大門口上按置桃木雕之獅咬劍風鈴，使邪靈陰物不敢放肆，有辟邪鎭煞之作用。

筆者個人認爲，上述的人士或相關行業的從業人員，若要增加福澤，與其用龍吐珠改風水，不如以正當的心念、正當的職業，及正當的行爲，和行善的愛心與佈施的仁心來改造業力，才是治本的方法。

四、黑摩利是另一類常見的風水魚，而且有很強大的力量，不過其力量卻是有侷限的，與金魚、鯉魚剛好相反，不能增進健康、事業、財運等方面的好處。牠只能夠化解災劫，因此飼養黑摩利，最好與四柱推命及紫微斗數等結合應用。我們可藉上述的術數，找出那些可能被劫、被姦、被殺或意外血光災厄的年份，然後審愼地飼養黑摩利，把災厄自然的轉嫁到牠們身上，由牠們擋去強大的煞氣，但其魚缸需用圓形的才有挫煞的作用。然而當牠們爲我們擋災後，切記多行善業，並把功德迴向給那些黑摩利，因爲黑摩利也是生命體、有靈性的，所以我們不能像利用一般風水工具一樣的利用牠們，而要對牠們有感恩之情，有如親朋爲我們犧牲一般。這一方面正符合我們仁義禮之心，另一方面亦維護了我們的福報。

除了上述四類金魚可以化煞生旺之外，其他如獅子頭類的魚亦是風水改運的寵物。但是不管飼養甚麼寵物，都要善待牠們，視如朋友一般，切勿傷害或欺負牠們，否則改運不成，卻增加了家宅的憤怨之氣，那就得不償失了。

魚缸也能化煞

一、除了注意養什麼魚及魚的數目與顏色外，魚缸的形狀亦非常重要，欲藉助飼養金魚以達成化煞生旺的目的。形狀適當可以錦上添花，選錯了形狀，不但是化不了煞、生不了旺，還可能使風水變得更壞，而影響健康與其他運程。市面上有各種不同類型的魚缸發售，該選擇哪一種形狀？這其實比決定金魚的數目及顏色來得簡單，因爲有一些規格是人人可用，不管五行是什麼，不管是男女老幼，也不管從事什麼行業，都是按照此原則來選擇魚缸。

一個有角的立方體最少有三隻角，根據幾何原理，三角形的三個內角的總和必是一百八十度，市面上能買到的三角形魚缸多是由三條等長的邊組成，每隻角都是內角六十度的銳角。

內角九十度以上的是鈍角，顧名思義，這種角顯得較鈍，較偏平；銳角則是內角小於九十度，顯得比較尖銳，在風水上具有殺傷力，這和屋外樓宇有牆角沖射家內，引致不吉的道理一樣。所以家宅內不宜放置三角形魚缸，因爲魚缸的尖角直接射向屋內的人，無以化解，對家人的財運及健康都會有傷害。

不過有一種三角形魚缸並不會帶來凶厄，就是兩隻角的內角均是四十五度，另有一九十度的直角，然後將它安放在牆角位，緊貼牆角，由於沒有尖角向外射，所以沒有殺傷力，不過這種設計也沒有什麼化煞生旺的力量，只是利用空間而已。

一般最常見的魚缸形狀是四角形，有正方形，也有長方形，而其中又以長方形比較常見。這些形狀由於沒有銳角，四平八穩，所以對家宅或工作地點內的人不會構成傷害，故適合用來飼養風水魚，它的另一個優點在於有效利用空間，可方方正正的放在架子上或櫺子上，亦可好好貼著牆壁，所以目前最普遍的是四角形。

至於六角形、八角形、圓形等，在風水上的威力最好，尤其是八角形與圓形，因爲無極和太極都是圓形，以圓形爲象徵，有生生不息之意義，十分吉利，而八角形則象徵八方，同樣很吉祥，用圓形與八角形魚缸來飼養風水魚是最好的。

由於現代社會生態競爭激烈，任何貨品都講求別樹一幟，別出心裁，所以魚缸生產商眞是花樣百出的製造各種奇形怪狀的魚缸，而購買這類特別的魚缸時，最重要是看它有沒有銳角突出，若沒有銳角則可考慮，不過站在風水立場，使用四方形魚缸較佳，但要化煞的話，以圓形最佳。

二、除了魚缸的形狀外，其大小對風水改運亦重要。從視覺感受而言，魚缸太小便顯得像小孩子氣一樣，毫無貴氣，魚缸太大則所佔空間太廣，令屋內的人透不過氣來。不過到底如何才算大，如何才算小呢？並沒有一定的標準，有賴常識判斷，一般而言，我們需觀察放置魚缸的房間大小，房間小則魚缸可小一點，房間大則魚缸就大一點。

魚缸大小可按照房間大小而定，比例需適中才會符合風水之道，否則小魚缸化解不了大屋的煞氣，甚至可能令棲身其中的魚兒住得辛苦，無法發揮化煞生旺的力量；若是魚缸太大的話，會占了整個房屋的空間，使您出入不方便，且又有壓迫感，縱使放置得當，魚兒的數目、種類及顏色俱佳，也可能弄巧成拙，破壞風水。

三、養魚改風水不單要注意魚缸形狀和大小，連放置魚缸的高低也要注意，但是這亦沒有標準的離地幾呎可依從的，但基本原則是魚缸內的水位高度，不可高於人之頭頂。即是說若在魚缸前站立欣賞金魚時，其視線該是朝下，也能由上而下看到最高水位，若是坐在椅子上，水位最好約與眼睛同樣高，最重要的是，不要讓魚缸放置太高，令水位高於頭頂，這對健康是不利的，也可能會惹來不必要的小災小厄。

魚缸的高度，絕對需要按實際環境而彈性斟酌，例如在崇尚東洋風的家庭，日常習慣坐在地板，坐在榻榻米上，那麼若將魚缸放置在離地四呎的組合櫃上，便似乎嫌太高，因進食、休息、看電視、讀書、使用電話等，多數會坐在地上，而魚缸卻遠高於頭頂，欣賞金魚時要舉頭觀看，對這類家庭的人來說，也許能夠把魚缸放置在一個僅一、二呎高的茶几或櫃子上，這樣的高度就滿適合。

但是在另一個家庭裡，以一、二呎高的小几放魚缸又嫌太低了。若這個家庭喜好中華文化，一家人正襟危坐，坐時脊骨必與地面垂直，家中全是傳統的、硬幫幫的椅子，這種情況，當大家坐在廳堂時，若魚缸只放在一、二呎高的小几上，大家都會從魚缸口瞧進缸內，那魚缸的位置就太低了，這時候，把魚缸放置在一般桌子上便挺適合的，而一般的辦公室或商店，也以這個高度最佳，但要視魚缸大小而定，若魚缸太大，而水面離地六呎以上的高度之時，便應該將魚缸所在的位置調低。

聲煞的影響

處在現代都市當中就如置身在一個奏著交響樂的表演場中，但遺憾的是，這些交響樂並不怡人，因爲它雜亂無章，而且樂器並非大提琴、鋼琴之類的樂器，而是吵嚷聲、打樁聲、車聲、電視聲等拼湊而成，越聽心情越壞，越來越煩躁，脾氣也越來越差。有時儘管我們聽而不聞，但其振波卻不斷擾亂我們的腦神經，引致種種情緒及健康的毛病，破壞人際關係。如果居家正位於此種環境當中，便是犯了聲煞。

聲煞的破壞力絕不可忽視，佛教的念佛頌經、道家的咒語使用、基督教的詠聖詩，都是運用聲音力量，把精神境界的念力與意志力提升，藉以推動鬼神，故此聲音之力是強大的，而聲煞的力量亦同樣強大，可是它卻會對人產生負面的影響，打擊運程。我們若是飼魚改運，由於魚箱內有馬達之聲，日間可能因其他雜聲干擾，故不直接觸及這一聲煞，但是一到深夜時，聲煞便明顯出現。

如魚缸的馬達聲太大或潺潺水流聲太大，那便可能會使您受到聲煞所影響，導致神經衰弱，或破壞人際關係，所以若發現魚缸出現聲煞，便要改善，減輕聲音，控制聲煞，否則久而久之，聲煞的負面影響，會導致身體不適、運氣變差、財運不佳，或人際關係日漸冷漠惡化、家庭不和諧。

放魚缸的位置

飼養金魚化煞生旺、既需要選擇適合自己的魚類、品種、顏色及數目，除此之外，魚缸的形狀大小、放置高低等等都是構成化煞生旺的效果好壞之關鍵，而放置魚缸的方位亦足以影響風水之靈動力，位置適當，則家宅平安、財運亨通，衰頹的運勢可逐漸扭轉。但是如果魚缸放錯位置，則不單不能趨吉避凶，更可能將原有命造註定的好運氣化為烏有，原有的財運變成流水，原來平靜的心境出現波瀾，原本安穩的健康情況起了波動，因此安置魚缸不可草率。

養風水魚的禁忌

一、魚缸不宜安置在睡房中。睡房是一個和諧安寧的場所，經過整日的辛勞後，需要在安靜的環境裡休養生息，恢復精神體力。現在我們拿兩種睡眠環境來比較，一個是在安寧的臥房，另一個是在輪船上，就算輪船佈置的和住家一模一樣，而且同樣睡足八小時，在輪船上的睡眠品質必然不及一般住家內，因爲住家的氣靜，而輪船的氣卻是動的，當我們在睡房內放魚缸飼養金魚之時，不就等於在睡房裡裝馬達，而使睡房的氣動了起來。

睡房需要氣靜，氣動是不適宜的，這會減低睡眠品質，也會影響健康，如果是夫婦的睡房，那會影響彼此間的感情。飼養金魚是要改運化煞，只要把魚缸放置在廳堂就能發揮了，因此不必放置睡房內，徒增不必要的麻煩。

二、忌接近屬火之物。魚缸盛水，水剋火，故水火不容，如果把魚缸與屬火的事物並放一起，容易給運程帶來不良的影響。而屬火的東西有：電視、電鍋、電爐等電器用品，舉凡一切會產生熱力，都是屬火的，若與金魚擺在一起，便會令屋內的氣不調和，應要分開擺放，即使不以陽宅風水來說，把有濕氣的魚缸和電器放在一起，是容易發生漏電，也會減短電器的壽命。

三、忌與爐灶正相對。爐灶是生火煮食的工具屬火，不宜與魚缸並列，一方面爐灶的熱力對金魚的健康不利，另一方面，魚缸的水氣會影響爐灶的火，則此爐灶所生產的菜餚，會影響人體的健康，家宅內的健康運也會出現問題。

一般家庭甚少在廚房內飼養金魚，所以上述情形較少發生。但是另一種魚缸與爐灶間構成水剋火的格局毛病，很多人經常會疏忽。由於家庭環境的限制，不少家庭的廚房規格難以隨心所欲的改變，因此有些爐灶便對著廚房門，使廚房之氣直接沖出廚房門，而彌漫整個房間，這已對陽宅風水不利，而更不利的是在客廳內放置的魚缸正向著廚房門，與爐灶遙遙相對，形成水剋火的格局，這在陽宅風水甚爲不吉，對家庭成員的健康不利。

四、忌放置在凶煞位。金魚是有生命的東西，是動象，魚缸內的水流也是動象，若把魚缸放置於凶煞位，則便會把原本不動的煞氣推動，凝聚下來，古語有云：「氣乘風則散，界水即止。」這會對該家宅構成惡運凝聚在一起。可令其人突然財運不滯，若在辦公室或商店的煞氣方位放置魚缸，生意則會一落千丈，或原本可輕鬆得財，如今卻要勞心費神。

那麼凶煞方位如何得知呢？此點則需懂得陽宅風水之道的專業人士，利用八宅或飛星的風水途徑尋找出來。

五、忌放在神壇之下。神壇是用以供奉保護家宅的菩薩或是神明及祖先，故其位置應是四平八穩的地方，如果將神壇置於四邊皆空洞的地方，缺乏靠山，便是對神明不敬。如果把魚缸置放於神壇下，那更是大爲不妙，這有如神靈隨處飄泊在水上一般，神靈浮於水上，不單不能祈福家宅平安，更有可能因此導致家宅出現問題，如電器無故損壞或遭偷竊，也爲影響家庭成員的健康或破壞財運。

此外若家宅陰氣太重，容易招惹邪靈陰物，一般而言，供奉菩薩與神明可鎮著他們，使他們不能搗亂，但是神壇下放置魚缸，便有「泥菩薩過江，自身難保」的意味，這又如何能保佑家宅的安寧呢？這是供奉神明的大忌之一，不可不留意。即使從五行八卦去觀之，火下水，所構成的卦象是火水未濟，這意味財敗和事與願違的現象，且馬達聲及水流聲響個不停，破壞了莊嚴安靜、自然的氣氛，使神明難以顯神威，以佑家人之平安也！

六、火弱之人忌飼養金魚。透過一個人的出生年月日時，可以知道他命中的五行之強弱，若他的八字火過旺而烈，便適合飼養金魚，因爲魚缸的水氣與八字的火性相濟，得到平衡，便會對運程有良好的影響。相反的，若生辰八字顯示其人之五行火太弱，這時又飼養金魚，那便無疑是以大水滅小火，連僅存的一絲火氣也遭撲滅，而成水火不濟，便會使命運更加坎坷與多難。

又最好能在魚缸旁放置室內的盆景且其樹葉越厚、越圓愈佳。代表五行可相生，且處事圓融和諧，但盆景忌有刺或無葉之樹，且不可太高。

第八章 陽宅開運吉祥物

第八章　陽宅開運吉祥物

八卦如意風水輪

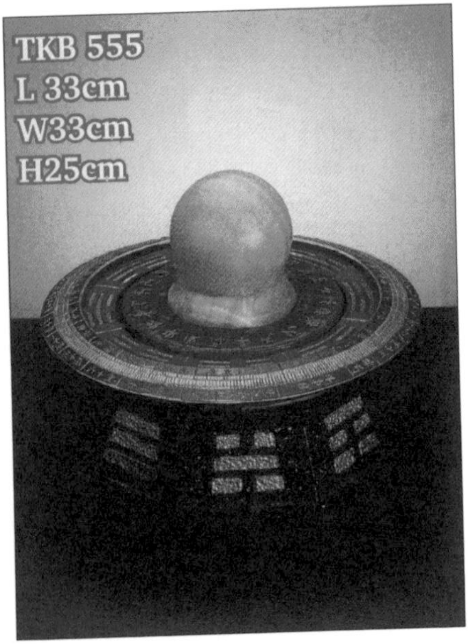

風水講究的是好山與好水，山區、郊區裡的陽宅水源比較豐沛，要找到好山與好水比較容易，都會區裡的陽宅很少有自然的湖泊流水，尤其風水更重要的是當運的「山」與當運的「水」，「八卦如意風水滾輪」可以隨著屋內格局方位，根據元運之零正關係，取最好的方位擺設，可增加吉祥的靈動力，有催財的作用。

「八卦如意風水滾輪」以水流推動晶瑩剔透的天然水晶球，更是匯合了現代科技和遠古堪輿文化的結晶。水晶所發出之能量被公認為能夠改變方位氣場，噴泉為「一白」

星「坎」卦的象義，結合龍形圖案，毫無疑問必能增進名利與財祿，但最重要的風水滾輪裡面，務必按放五個綁木碳的純眞正古的龍銀元，及自然的活泉水，切記儘量勿使用自來水，才有靈動力，否則效果減半，而且龍銀元應經由地理師依陽宅之格局，選擇元運零神方位安置，以及用中藥淨香末淨旺過，才可達成事半功倍之績效。

八卦靈氣轉經輪

道教爲中國固有宗教，旨在奉天行道，並教使人民應遵循人法地、地法天，天法自然之道，也就是人應順天道、應地理、通人和，上承千代之統，下通萬世之變，總以尊道貴德、利物濟人、淨化人生、聖化世界爲終極目的，八卦靈氣轉經輪，主體四周邊有四龍柱，以吸取四面八方之旺氣，塔頂周圍刻有天文二十八星宿，可避一切五行之煞氣，以天地循環之大自然法則有改善磁場，八卦之八個方位的煞氣穢氣，轉化爲圓滿如意、圓融祥和之氣，使您八面威風、威震八方、八面玲

瓏、進八方之財氣，將煞氣轉爲吉祥之氣，引化惡因變爲善果，並可使道場平順而生旺制煞，轉禍爲福，化煞旺財，鎮宅保平安，增強文昌位的靈動力，確保幸福美滿的家庭。

吉祥瑞獸——獅子

獅子是萬獸之王，雖然牠很兇惡，但更有王者之風，威鎮天下，不可侵犯的氣勢，因此傳統的中國社會裡把獅子列爲吉祥的珍瑞之獸，有化煞的功能及趨吉辟凶，押煞生財的靈動力，所以在官府、衙門及寺廟的門外兩旁，放一對大石獅，代表著陰陽調和，並象徵著吉祥威嚴，不可侵犯的至高境界，以及押煞制惡的化煞功能，並可將煞氣轉化爲權勢的動力，生生不息的產生造福、生福之靈動力。

也有很多大企業、大機構及大財團，都喜歡擺放獅子來做爲化煞生財，以促使其公司機構飛黃騰達、招財納福，並把小人化爲貴人，使業務的擴展上可以一帆風順。

獅子的力量太大，所以獅子的位置放錯或者獅頭的方位擺設錯誤，這樣不僅沒有化煞、生財的靈動力，反而更會有一股無形的殺傷力，其後果是不堪設想，因此在擺放獅子這樣的吉祥瑞獸之前，就應該要特別注意，請教專家了。

九頭靈獅

九頭靈獅是爲獅王之王，在道教經典道藏中記載：「九頭靈獅」或稱「九頭獅吼」爲太乙尋聲救苦天尊之座騎，隨侍天尊左右，口吐火燄發出萬丈毫光，而太乙天尊爲東方木光，紫氣之神，故爲紫氣東來，另一傳說爲三太子李哪吒犯了錯，爲了彌補過錯，削骨肉還父母後，使哪吒的魂魄四處飄蕩無所歸依，此時哪吒的師尊太乙救苦天尊爲保全哪吒之性命，以蓮花化生之大法重新賦予哪吒生命，而在哪吒蓮花化生之時其生命最爲脆弱，傳說即由「九頭靈獅」加以保護。

九頭靈獅擁有九個獅頭，按照九宮八卦而太極居中，八卦分佈八方之原理遍佈九頭，九頭靈獅，雙目圓睜，口吐三昧眞火，能押退一切凶惡之煞，除此之外更可將祥瑞之氣引進家宅，長保宅安人慶，九頭靈獅，面向三煞方、或五黃位，它就可發揮押煞制惡的功能，使一切鬼魅、陰邪之靈，不敢入侵。

帝王古錢桃木靈獅風鈴

帝王古錢桃木靈獅風鈴，具有化解口舌是非的功能，就像金門的風獅爺有押煞及化解風煞與鎮宅保平安的功能一樣。

都市化造成生態環境的改變，大都會裡由於寸土寸金，大樓林立，建築結構及景觀設計也隨之轉型，在要求空間充分利用，一切裝潢設計以及屋內佈局與古早時代可說是大異其趣，鄰居對面不相識，敦親睦鄰就更談不上了。這就是生活環境與建築結構的改變，導致了人們生活習性的變化，同時也對陽宅的佈局產生不同的吉凶效應。

如房門與廁所門相對、廁所門與廚房門相對或者家中形成品字門、蝴蝶門，還有房

間內門小窗太大，這些都是氣散不聚的現象，會產生家人意見不合，桃木獅咬劍風鈴就有化解屋內空氣對流不均，所引發之煞氣的功能，再加上六個古帝王錢、風鈴，形成言重如山的權威性，因此帝王古錢桃木靈獅風鈴，可以避免家中的口舌是非，積極面更可以押煞、旺財，改善陽宅佈局不佳的問題。

吉祥瑞獸—貔貅

貔貅是瑞獸的一種，和龍及麒麟相同，牠不存在於人間，貔貅雖和龍、麒麟一樣，爲傳說或靈界的瑞獸，但在性格上卻有一定程度的差異，龍是正義而充滿威嚴，有如帝王一般，麒麟是正義而充滿慈祥的，貔貅則是正義而兇猛，好像是嫉惡如仇的執法者，據說中國北方的人稱貔貅爲辟邪，牠有一股讓人驚畏的霸氣，貔貅最適合奉公守法及正當的商人擺放，具有改善財運，及獲得偏財，又有辟邪的靈動力。

貔貅的外表兇惡叫人驚畏，也叫妖魔靈物驚畏，因此貔貅的風水功能是擅長鎮押陰

邪的煞氣，而且催財的能力亦非常強大，並可化解一般的煞氣。擺放貔貅要產生最有靈動力的效應，當然也必須先經由功力高深，德高望重的法師擇吉日良辰，用桃木硃砂筆開光、點眼、請神、加持以後才有制煞避邪及鎮宅的靈動力，

小羅盤

指南車爲黃帝所發明，是中國四大發明之一，小羅盤是由黃帝所發明之指南車延伸演變而來，相傳黃帝大戰蚩尤屢戰屢敗，後來得九天玄女授黃帝針法及遁甲之術，而大敗蚩尤於逐鹿，以平定天下。

羅盤內之天池有指南針，永遠恒指南北，不受任何天候、氣候和地理環境之磁場及其他因素之影響，這與地球之磁力場的南北極不謀而合，此爲天地間神奇之奧妙的地方。

小羅盤內有廿四山，代表廿四個方位，內含先、後天之八八六十四卦，先天卦爲先聖伏羲氏所創，後天八卦爲周文王所創，盤中又隱含有奇門遁甲之機及週天三六〇度之意涵，故象徵著天圓地方的宇宙之涵蓋，故自古以來羅經（羅盤）即被古人認爲有壓

煞、鎮邪、避禍、趨吉避凶之功能，因此每在建屋蓋廟或官衙之時，必將羅經埋藏於其宅院內，以防受妖魔鬼魅之侵擾，或藉以壓煞、除陰辟邪，以確保宅內人口之安寧。

葫蘆

葫蘆有一個特性，是易入難出，葫蘆口是很窄的，但葫蘆身體是寬大的，相傳如果用來收煞氣是最好的，因爲煞氣易從口入，但要葫蘆倒流出來，卻是很困難的，所以葫蘆有收煞氣的作用。而古代的神話中，葫蘆是用來馴服妖魔鬼怪，故有人說：葫蘆是可辟邪。《飛星賦》：「七有葫蘆之異，醫卜興家。」七爲兌卦，如果這個方位有山如葫蘆狀，爲葫蘆砂，主人在醫卜星相方面有很高的學術和發展。在洛書裏兌卦在西方。葫蘆主醫卜星相，如果有人是從事這個方面

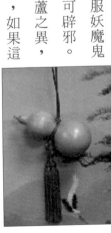

職業的，在家中掛葫蘆，則對事業和學術有利。《魯班寸白簿》中有此詩：「牆頭梁上畫葫蘆，九流三教用功夫，凡此人家皆異術，醫卜星相往來多。」在搬入新家後，如有家人輪流病倒，有可能是房屋的門犯了煞氣，那麼可在房門吊一個已開光的五帝葫蘆錢，或者置於陽宅的二黑病符方，家人的健康才不會受到威脅。

七星打劫二十四方位古帝王錢風鈴

天上有北斗七星是爲漩渦星雲，根據天文學家所論，漩渦星雲之星球其磁力場最強，而北斗七星永遠在地球的上方，故北斗七星之磁力場，將影響地球上有生命體的生機強弱旺衰之循環週期，故而有北斗七星註死，南斗六星註生之說。

因此古代的堪輿學家，就藉由尋龍點穴祕法，把天上之天星的星光照臨點找尋出來，以讓地理風水上以及萬物之生、旺、衰、病、死、絕之階段性的循環週期，能夠轉弱爲強、轉衰爲旺，或永遠保持更長、更久的興旺的階段期，而七星打劫就是藉取天上星光照臨處之好的磁力場，用玄空飛星之法，以讓好的風水地理永保興旺而不衰退，或延長興旺期，而七星打劫二十四方位旺財古帝王錢風鈴，乃是應用地理風水之七星打劫祕法，配合古代的廿四個純古帝王錢之靈氣並以七個風鈴，經過法師之開光、點眼、加持、唸咒、請神，藉吊天上之星光的照臨，以改變您居家不良的氣場，讓居家環境的磁力場的氣機能夠生旺、生生不息、財源廣進。

石敢當

泰山為五嶽之首，是為東嶽，孔子曾讚嘆泰山之雄偉，子曰：「不登泰山，無以知天下之大。」古云：「泰山壓頂，石敢當。」這在在證明泰山氣勢磅礡。採用石材刻寫「石敢當」三字的辟邪風俗，可以遠溯唐代；宋代以後逐漸普及，甚至散播日本琉球一帶。古人早已認同「石材堅硬不朽、足以承擔」的特性，而將石敢當神化。住宅前的阻擋物、沖射物或直沖門牆的道路，均可說是住宅風水的忌諱，也就是所謂的「路沖」、「柱沖」、

「宅沖」，而住宅的辟邪物也因此產生。

樹立「石敢當」碑，果然很敢當；加上其他圖紋或文字，備加威嚇。例如「泰山石敢當」、「太極八卦石敢當」、「石敢當驅邪除怪、拍穢止煞」；結合劍獅造型，尤增咄咄逼人的氣勢。立於村莊四隅，保護地方安全；立於海邊、港岸、池塘、路沖、巷道，塑造強力鎮守的效果；立於宅第出入口、牆角、後院、圍籬，落實止煞的最後防線。當然仍需用上供品及經由法師開光點眼、加持唸咒、請神方可使其靈動力顯現出來。

麒麟

風水學中有不少煞星，如八十九年的西方，便爲三煞所佔據，門口在此方位爲犯三殺，若再有一條長長的走廊直沖大門，則兼犯穿心殺，在這種情形下最好使用麒麟來擋煞，通常是使用一對，如果殺氣太強，就必須用三隻來擋殺氣。

如果使用開了光的麒麟，除了可用來作擋煞之外，還有鎮宅辟邪及使家運好轉的功能。如麒麟開光，要選麒麟日，用上指定的供品及特定的儀式，再由法力高深的老師開光、加持、請神、持咒，以及用中藥淨香末淨旺過，即可擺在三煞方處，方可達成事半功倍之績效。

七星蟾蜍

這蟾蜍並非普通蟾蜍，它是有三隻腳，底座有七個招財古錢，背上有七星陣，嘴中咬一古錢，這裏還有個故事呢！相傳在古時候有一名仙人叫劉海，降妖除怪爲民除害，他收服了很多妖精，其中一個心腸不是太壞的妖精，被劉海仙人收服，打回原形，原來是一隻三隻腳的蟾蜍，這隻蟾蜍在後來的日子，跟隨劉海，伏妖助人，而劉海喜愛佈施金錢給一些貧苦人，所以三隻腳的蟾蜍亦有使人錢財轉富的能力，因此後人便在屋裏擺放三隻腳的蟾蜍，把蟾蜍作爲旺財的神獸，故七星蟾

蜍可吸納偏財以及博彩動旺之運，有利促進投資及生意買賣的財運，是最佳的化煞、進財吉祥物品。擇其良時吉日，選準方位用上開光、請神科儀，其效果靈驗無比。

蟾蜍的製品，以玉器和銅製品最爲常見，其次也有瓷製品。玉器和瓷製品的適合擺放在五行屬木土的方位，銅製品的蟾蜍適合擺放在五行屬金水的方及火的方位，如果擺放得時、得位，很快即能見效。

大桃木八卦七星靈獅

大桃木八卦七星靈獅，又稱獅咬箭。可以用於路沖或有尖物沖射，或化解風斬煞及獸形煞。使用前先準備上好的淨香末及五種水果、壽金、福金、四方金。先點燃淨香末後把符令在淨香盤上繞三圈，然後於自家之神明堂前或寺廟內點燃香八柱，口中唸奉請本境地方境主，福德正神、府縣城隍爺、衆神仙聖佛、八卦神將及五方護宅金甲神將降臨，扶持弟子安

奉獅咬箭護宅平安。然後把符令與獅咬箭在香爐上繞十二圈後，再把符令焚燒後，獅咬箭於其金桶上順時鐘繞上三十六圈即可使用。

以桃木所雕製的靈氣最強，如雕刻師傅的生肖以屬龍或屬虎爲最佳，經過法師之請神、開光、點眼，然後以奇門遁甲諏取良辰吉日，配合主人的八字五行坐旺吉祥方位，以面對煞氣方位來進行安座的儀式，如此才能使化煞鎮宅、旺家的靈動力產生出來。

魁星踢斗圖

《史記・天官書》載：北斗星乃以魁星爲首，稱斗魁，而斗魁筐頂著其餘六星「上將」、「次將」、「貴相」、「司令」、「司祿」等星。分別主：陰陽、調和五行、推移節氣、節制四方、審定紀律。世俗傳云：魁星踢斗、鎮安解厄。科甲財利、獨佔鰲頭。神筆啓竅、明察秋毫。佐善伐邪、導引世人明辨是非走向光明。它具有辟邪聚福之功，又魁星踢

斗站在鰲之頭上構成「獨佔鰲頭」之符案。

「鰲」乃千年以上得道之海中大靈龜也，象徵「大長壽、永久、多福、靈性」之意。在科舉時代，無論文武，唯能狀元及第，方能適稱「獨佔鰲頭」，是時之書人皆奉祀「魁星」促能求取功名。而今則在各行各業無論士、農、工、商，能出類拔萃、無與倫比者，便稱「獨佔鰲頭」乃各行之狀元也。

文昌塔

提起文昌塔，大家可能都不陌生。文昌的作用，顧名思義，就是旺文。古人非常重視文昌，稍稍留意的朋友，就會發現，在我國有很多城市都能看到文昌塔。凡是有文昌塔的城市，在過去都是出過很多文人墨客。在風水上有一顆名文曲星的星曜，其力量能讓人頭腦敏捷，

對學習產生興趣，要配合這個方位，在那裏擺放一個文昌塔，可起到興文旺才的作用。

一般文昌塔，有七層、九層，擺放文昌位，則可立即令人頭腦敏捷，思維發達。特別是文職工作人員，用此物，工作速度快、效率高，尤宜小孩子學習。文昌只是助緣，孩子一定要在這個位置讀書學習才有收穫，如果孩子天性聰明，只是愛玩不想學習，利用這種方法很快就會見效，但如果孩子不在這個位置學習，或者天資不行、智商太低，也沒有用。所以說，風水化煞催福，都是有條件的。

桃柳檀辟邪押煞木劍

李時珍曰：「桃性早花，易植而子繁，故字木兆，十億曰兆，言其多也。」風俗通云：「東海度朔山，有大桃蟠屈千里，其北有鬼門，二神守之，曰神荼鬱壘，主領衆鬼，黃帝因而立桃板於門，畫二神以禦凶鬼。」典術云：「桃乃西方之木，爲五木之精、仙木也。味辛氣惡，故能押邪氣制百鬼，故今人門上用桃符以辟邪，並可治中惡精魅邪氣，煮汁服用。」

禮記云：「王弔則巫祝以桃茢前引以辟不祥。」博物志云：「桃根爲印可以召鬼。」甄異傳：「鬼但畏東南桃枝爾。諸說皆言桃可辟鬼祟其來有自。」朱子云：「檀善木也，其字從亶，而亶者善也。」內典云：「旃檀塗身能除熱惱。故釋氏焚之以供養諸佛菩薩，以生歡喜心。」宗奭曰：「檉柳一年三秀故名三春柳故常有以柳來練就通靈之術，是爲柳靈兒以達耳報之法。」

今以向東桃枝及河流旁向東之柳枝和檀香木雕刻成劍，而雕刻師須先沐浴焚香，以達平心靜氣，如此才能聚精會神雕刻出最強靈氣，並請功力深厚有修爲的法師腳踏七星八卦步開光、加持、點眼，以達到除陰辟邪、驅鬼的功效。不管是清明掃墓或是探病皆不怕鬼魅纏身之苦。

密宗五輪化煞銅塔

五輪塔淵源於《一切如來全身舍利寶篋印陀羅尼經》它是十方一切諸佛法報化三身的總集

體。據經中所述能成就淨善功德，不爲一切寒熱諸病、災難、夭橫及盜賊、怨讎、厭魅、咒詛……所傷。

修習密宗者，五輪塔可放在壇城正中供奉及修行之用。不管是何教派，誠心供奉五輪化煞銅塔於神壇上也一樣有功效。陽宅運用於破除飛星二黑五黃凶星煞氣。

五輪塔如經過法師裝藏，內置七寶，咒語更佳。失運時可拿此銅製五輪塔在面前，觀想自己變成五輪塔一樣，其形爲五大，可化解地水火風空所生衍之災厄。供奉前必須要請功力深厚有修爲的法師腳踏七星八卦步開光、加持、點眼，以達到除陰辟、邪驅鬼的功效。

公媽爐之眞義

國人一向認爲「圓」乃是完美無缺陷，所以大部分墓前的香爐與每個家庭所祭拜祖先牌位的公媽爐，多數是圓型的，此爲美中不足的地方，乃不知先古祖先以往所祭拜的均是用四方型公媽爐，四方型公媽爐的眞義，據筆者翻閱史書查證「敬天以圓，祭祖以方」。

經多方應驗加以統計始知，長期祭拜祖先時用四方型香爐的家族，子孫因長期受此

「方正」香火之薰陶，男丁均煥發耿直剛正不阿，穩健踏實的風範；女的則具有賢淑柔美、行爲舉止不失大方、氣質高貴、秀麗，此乃無形中影響後裔子孫做人處事戰戰兢兢、不越矩、不貪圖、不犯非法之行爲。

筆者從事五術研習，對四方型公媽爐之眞義，有更深入的瞭解及說明，供奉神明及供奉祖所用的香爐意義完全不同，前者因爲豐功偉業、忠義事蹟讓後人欽佩敬仰而爲神明以供奉之，並爲祈求庇佑以儘速達成心願，此亦如同交朋友一樣，五湖四海皆兄弟，因此可敬奉不同姓氏之神明，故可隨時增加或更換崇拜的對象，因此安奉神明時香爐用圓型的，代表做人處事圓滿融和，交友有規範，亦代表家中所供俸的神佛，其人格精神是圓滿無缺。後者則完全不同，因祖先爲家族長期性祭拜，如人之姓氏永不得更改，如父子關係永爲父子關係，不可隨興而更換；綿綿流長，永遠不能改變的道理，神明大家可以參拜，而祖先牌位乃由後裔子孫承襲奉拜延續香火，故祖先牌位務必安置妥當。

運用四方型香爐來祭拜，而且還必須是用錫做的四方型爐，代表賜爾多福，也代表惜緣、惜福，爲人處事百善孝爲先，珍惜先人所做的福德，即珍惜保護先人所留下的家園，因此敬奉神明以圓型香爐，而圓爲規，祭祀祖先以方型爐，而四方爲矩，代表外圓內方，也是象徵「規矩」之意，亦代表乾坤之象意，元亨利貞。

香之沿革

一、香可用於敬神祭祖，利人養生，所以應選擇好香，以求人神共益，並可直通天庭，達到人神合一，就從香的整個歷史演變過程中，來談香之發展及其製造：

㈠**藥香是最早被發展出來的，又可分爲四種用途**

1. 養身用：李時珍《本草綱目》中有藥香之相關資料記載，以前醫學不發達，人必

須仰賴天光、日月精華、天地靈氣養生，而植物最能吸收天光及地靈氣，故以發展藥香末，來達到養生而長生不老，如煉丹或靜坐修禪。

2.醫病、治療用：因人吃五穀難免會生病，起初是用植物做實驗階段，不敢馬上吃下去，因而衍生藥香的發展，以達到醫病治療的功效，而藥香對於呼吸系統、神經系統、血管循環系統最有成效。

3.提神爽氣、醒腦之效果，亦可爲迷魂及麻醉之功能：以麻醉來減輕病人之痛苦，但也被壞人用來做爲犯罪工具，如迷魂香。

㈡薰香用

1.最早是因戰爭的需要而發展出來的，起初因沒有通訊設備，故用薰香做爲行兵打仗之訊號或做迷霧用的，讓敵人分不清方向，也可以掩護我方兵力動態等現象，與現今之煙霧彈的功用一樣。

2.驅邪淨宅用，如端午節用的艾草做薰香以爲驅邪之用。

3. 除蟲，過去沒有除蟲劑，用薰香來除蟲。

4. 乾燥用，儲藏東西時，如遇下雪、下雨，濕氣、寒氣重，可做爲乾燥用途。

(三)祭香

1. 敬天祭地：起初是皇帝率領文武百官親自敬天祭地用的，一般老百姓不准予拜祭，當時用的香是整個一團爲之爐香。

2. 敬神祭鬼，祭亡拜祖：因此香更是人與鬼神溝通的媒介，人鬼異途，唯有好香可通天達地，請降諸眞神聖仙佛也，因此燒好香方可達於人神共通、共益、共修之功效也。

香的製造

(一)原料：古時以降眞香、沉香、檀香、公丁香、乳香或其他植物香料，都可綜合在一起做爲香的材料。

㈡形式：淨香末、立香、臥香、粒香、盤香。

㈢顏色：普遍有紅、黃、黑等三色，以前民間不可用黃色之香，只有皇帝才可用，因為黃色代表皇帝之崇高地位，及對其之敬畏，最後演變成一般民間家內祭神用本色之香。紅色後來演變成用於結婚喜慶之用，黑色用於拜好兄弟或是祭改押煞用，五色香為古代戰爭之前，使用來祭旗的，或法師用來行道法之用。

㈣長度：有尺三與尺六的長度分別，以前一般老百姓，都是使用尺三的立香來祭拜，皇帝為一國之尊，代表中央，而尺六屬中央，故只有皇帝才可使尺六的香來祭祀，但現今我們則沒有這樣硬性的規定，則依個人喜好而定。

淨香末

淨香末可使修禪靜坐之人達到安魂、定魄及增加智慧而達到開悟之境界，並有辟邪去鬼、鎮定之效，凡是嬰兒驚嚇及夜間啼哭，大人因喪府沖煞或其他穢氣致使心神不定、難入眠者，使用淨香末將可鎮定而好入眠，是安腦清心之最佳聖品。

明李時珍：「天造地化、而草木生焉，剛交於柔而成根荄，柔交於剛而成枝幹，葉萼屬陽，華實屬陰，由是草中有木，木中有草，得氣之粹者為良，得氣之戾者為毒，故有五行焉、五氣焉、五用焉、五味焉、炎農嘗而辨之，軒岐述而著之。」

人稟氣而生，其中清濁昏明、賢鄙之氣，人的資質、壽夭貴賤，由此而分，大自然生活環境亦同此理，因此氣之聚散絪縕或升降屈伸，或因衝突磨蕩，萬物以其運動變化作爲自己存在的條件或形式，而人稟天地五行精英之氣化而生，故以分五臟、五志、五性，貫穿於人體十二經脈，淨香、薰香之要，在於藉其因焚燒而產生氣化，以淨化空間、調節人體生命之機能，五行運氣，以昇華人性之心靈，得以清淨，解脫。

夫治病之法門多端，如藥物、針灸、指壓、推拿、按摩等物理療法之外，以精神療法爲屬第一。遵古法之淨香末要以純中藥草精製，是靜坐、靈修、辟邪、押煞、收驚、開智慧最佳聖品，可請降諸天神仙、聖佛、降眞靈達天人合一之境界！

人若神清志寧者，百骸自和，若憂愁多慮則百病叢生，故健康長壽之人善於調養喜、怒、哀、樂之情志而已。凡禪修、靜坐，皆知欲使人六根敏銳及氣脈通暢，必定要能夠時時保持神清腦明以安養身心，精神貫注，魂魄安定，則陰邪之氣不侵，百病不生，而此修禪習定之法爲歷朝帝王將相及佛道、高僧諸仙隱士之所秘集其「諸香藥庫」、「煉丹取藥」、「淨化心靈」之法，皆藉由高等淨香末改善自然空間之氣引法則，以爲最高、最速之法可達天人合一、長生之最佳薰香秘法，具有辟邪、驅鬼、鎮定療效，返魂逐疫等多種保健作用。

龍

龍是一種傳說中的動物，在印度宗教以至佛教經典的記載中，都提及了龍這種生靈。佛經指出世上存有八種靈物，分別是：天、龍、夜叉、乾達婆、阿修羅

、迦樓羅、緊那羅、摩呼羅迦，這八物便稱爲天龍八部。

印度人認爲龍與人間的水有很大關係，牠可以控制世上的水量，當世上出現旱災，可以向龍求雨，世上的水太多，導致江河氾濫，則可祈求龍停止下雨，以拯救世人。不過，我們看佛教有天龍八部的畫像，便會知道，印度的龍與中國的龍不同，印度的龍是神人，中國的龍卻是百分之百的靈獸，可以在空中飛行，所謂「神龍見首不見尾」，而龍在中國風水學上的應用，便是指中國傳說中的龍的形象。

龍在中國人眼中是吉祥而尊貴，皇帝穿的是「龍袍」，家長用心栽培子女，是「望子成龍」，生旺自然環境的是「龍脈」。

龍由於具有尊貴的性質，所以龍可以招來貴人，當一個人感到缺乏助力時，便可利用龍來求取改運，爲事業及其他人生際遇挽回頹勢。人生在世，憑

自己的努力奮鬥固然非常重要，只要自己有才能便不必擔心懷才不遇，而眞正有才華的人可以自己製造機遇，令一切發生的事情，都變成是爲自己的前程來服務。可是，單憑己力而缺乏他力之助，人生未免太艱苦，而且解決困難時，往往事倍功半，反不如那些際遇佳的人，在眞正有需要時，能得到貴人鼎力相助，可以事半功倍。前者花半年才能解決的問題，後者卻可能只需半天的時間，由貴人協助解決，往往只是舉手之勞而已。在風水上藉用龍的威力，便能使無助者得貴人之助力，而飛黃騰達。

化煞的功能，龍的力量亦很強，能化解一切煞氣，例如：墳場的陰氣、三教九流聚集地之邪氣如賭場、色情場所、警署的肅殺之氣、教堂廟宇孤剋之氣與其他犯形煞的如天斬煞、鎗煞、尖角、沖射等。

例如：家居的左方是客廳，家人都上班，只有晚上的時候才會聚在左方，而臥房與書房卻全部位於右方，家人回家後便在右方休閒、學習，或繼續工作，晚上大家也在右方睡眠，這樣右方聚集的陽氣便明顯強於左方，形成青龍方弱而白虎方強的不利形勢。最徹底化解方法當然是來個大裝修，把書房、臥房等做適當的調整，但工程太大，一般人都難以如此改造風水，故較穩妥及簡單的方法，就是利用龍的塑像加強青龍位的氣場。

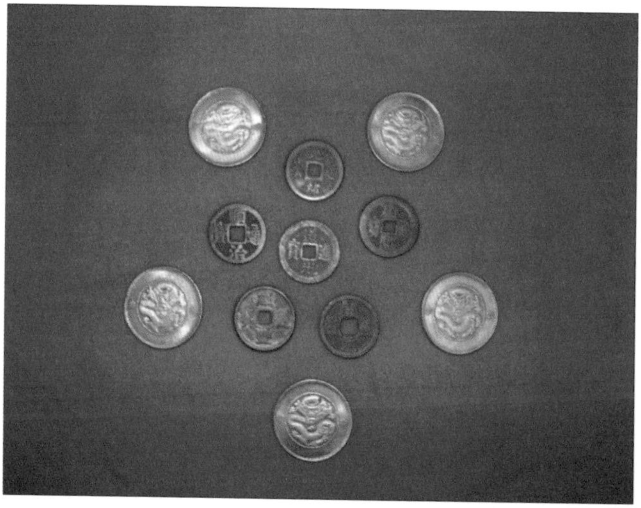

六帝古錢與龍銀元

古代皇帝是龍的化身，高高在上，唯我獨尊，所以皇宮須坐北向南，代表向明而治理天下，因地磁力是由北向南的放射，而皇宮坐北向南正好可吸收地磁力，而龍喜水，而北方五行屬水由此可知先人的智慧，與建築設計是根據先天五行八卦之理而設計，適合國人尊天敬地法自然的思想規範。

六帝錢有代表皇帝的威嚴與權勢，所具有的陽剛之氣可以化解陰邪，以及不正混雜之氣場。

像住家靠近監獄、墳場等地方，或者是住家內部成品字形的門，或門與門相對，氣場不佳，容易有口舌之爭，六帝錢即可化解。

在理氣方面所犯的煞六帝錢也能化解，如房間之小門或大門犯流年流月的二黑、五黃煞，必主疾病，選擇合於本命與方位的吉日安置五帝錢，或再掛上風鈴，便足以趨吉避凶。

連發元寶風水輪

要在金錢與事業有成就，個人的魄力、能量、環境、時代背景是很重要，並且一定要堅信自己必有成功致富的才能與意念，爲了幸福而實際身體力行，竭盡所能，掌握機遇，包含在環境中的運（陽宅風水），是您自己可以主宰的，想要在住家創造可以致富的環境，首先就是要善用自己週遭的風水能量。

旺財制煞六帝古錢風鈴

開運吉祥物種類繁多，無法一一加以詳述，以下僅列出圖片供讀者參考

旺財聚寶盆

凸透鏡

保行車載身平安觀音金牌

琉璃開運狗

代表神力佛法的沉香子

制煞解厄沉香子掛鍊

俗諺說：「人兩腳，錢四腳。」由此可歸納出一個結論：不斷勤奮的工作加上才能的發揮及機運就等於成功致富。而良好的機運包含了先天與生俱來的生辰八字與後天風

水吉祥的佈局，連發元寶風水輪配合本命與元運，擺設在財位上，週遭的風水磁場改變，可以聚集賺錢的能量，使財運亨通。

琉璃龍龜

琉璃獅咬劍文鎮

3D 山海鎮

占卜用神龜

太平有象（相）

押煞麒麟

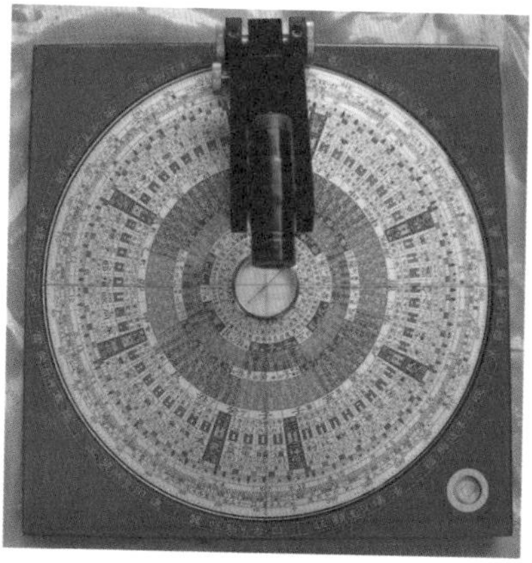

雷射綜合羅盤

琉璃順心豬

琉璃九頭靈獅

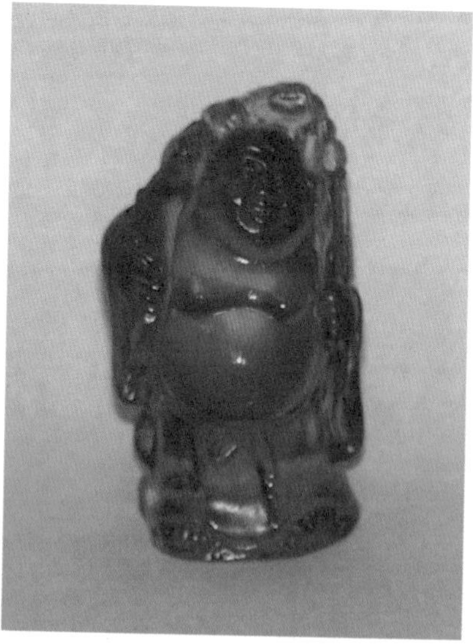

琉璃財神爺

天然水晶的開運奇效

◎增強自信心，加速財運願望實現。

◎協助潛在能力及超能力之開發。

◎博得最佳人際關係，處處受歡迎。

◎增強對人的觀察力，透視人心之善惡。

◎氣功、佛道及靈能修持，具有神秘效應。

◎鎮定心神，解除焦慮，集中意識，避免雜念，利於做深層次之思考。

◎辟邪，用以驅除一切邪靈作祟及楣運；用於魔術，可使魔法靈驗。

◎增強直覺力，能立即透視事物核心，對企業之決策者尤有助益。

紫水晶：能召喚愛情，增強對異性的吸引力，隨身配帶可使情人愛戀不捨，並可增強人體之氣流循環，增加免疫抗病力，加速病體之康復，對病後之復健，極具效果，日本人稱爲能源石可開發智慧。

水晶功用一覽表

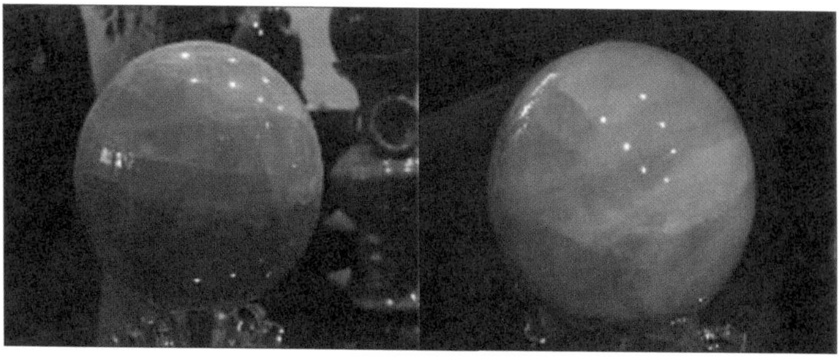

金髮晶：大吉祥（如神佛護持）、鎮宅、供佛、開發上三輪（靈、智慧、內分泌）。

白水晶：白水晶的能量是屬於放射性的陽氣場，故能打散負性能量，使陰氣不得靠近而達到鎮宅、辟邪的效果。另外白水晶也能去除病氣，帶來好運。其磁場可以攻破不良的氣流，淨化全身，使人體恢復元氣而健康強壯，煞氣打散後，即好運連連。而且白水晶還有聚集、集中、擴大、記憶的功能，也能增強學習力，是所有能量的綜合體，稱「晶王」。可鎮宅辟邪、淨化全身、去除病氣、趨吉開運。

紫水晶：能開發智慧、提高直覺力，因爲紫色爲陰性本質，主宰右腦世界，即直覺與潛意識，用腦的人，特別適宜多放紫晶在居所，可以幫助人在思考上達到精神集中，提高腦筋的活力，所以在工作場所放置紫水晶，也能使人的思維更加靈活，處事能

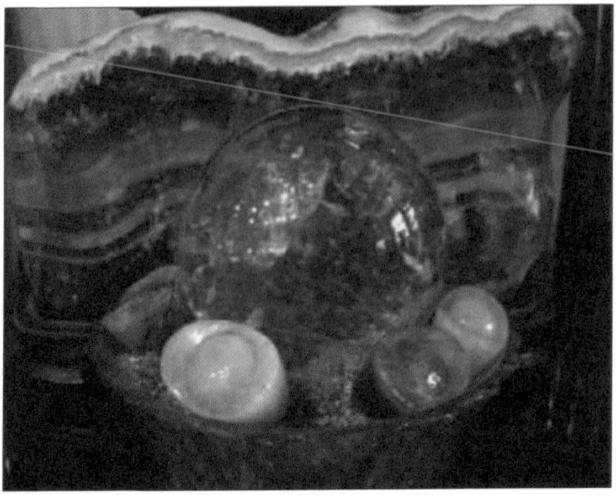

力相對提高，對事業的幫助不小。紫水晶亦能增進人際關係，因爲紫水晶屬於內斂的神力，能夠平靜人的情緒，在愛情、友情、親情及上司與下屬關係上有非常神奇的功效。另外紫水晶可帶給旅行者勇氣與力量，並防危險的發生。以及助長靈性、腦、老人癡呆、脾、腎等等。還代表高潔堅貞的愛情，常作爲情侶的定情石。

黃水晶：可以招財進寶、創造意外財富。與財富聯繫的宇宙光有兩種。一種是綠光，而另一種即是「黃光」，黃水晶中的黃光帶來偏財運，可創造意想不到的財富，是股票族、簽樂透彩者的最愛。

強化腸胃消化功能：水晶磁場可強化人體的第二輪脈，即「臍輪」，除了腸胃外，肝功能也能得到調適。

綠幽靈水晶：強化心臟功能、平穩情緒、增強精神與願力。有高度凝聚財富的力量，屬正財，是代表因辛勤努力而累積的財富。因爲綠光是現代經濟動脈的光，若想擴

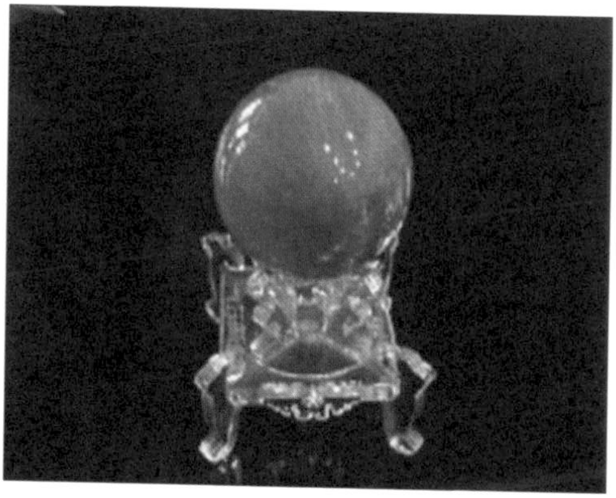

展業務，吸引更多的財富因緣，就需要綠幽靈水晶，來凝聚正財。相對於綠幽靈，另外還有白幽靈水晶，功能是養身養氣。

髮晶：磁場能量較強，可增強膽識，加強一個人的信心及果斷力，能帶給人勇氣，助人投射出權威的能量，有助於領導人命令的實踐與執行。可開啓人體氣脈、去病氣，對筋骨、神經系統有幫助。因爲髮晶對中脈七輪有特殊的開發能力，其每根髮絲帶動水晶本身的能量加倍運作。銀白、金、紫髮晶開發眉輪、頂輪智慧及第三眼，藍髮晶開發喉輪，綠、紅髮晶開發心輪，黑、褐髮晶開發下三輪。它能開發全身百脈，啓發內視的潛能，得到身心健康並提升靈性。

粉晶：可開發心輪促進情感發達的寶石，可幫助追求愛情、把握愛情、享受愛情的寶石。協助改善人際關係、

增進人緣、並招生意緣。可以協助深入內心，發現自我，提高悟性。

紫晶洞：紫晶洞內部晶柱密集，彼此能量產生共振有強大的凝聚作用，可凝聚屋內正氣，改善屋內風水，是最佳的風水石。放在家中財位，可辟邪防煞又凝聚財氣。

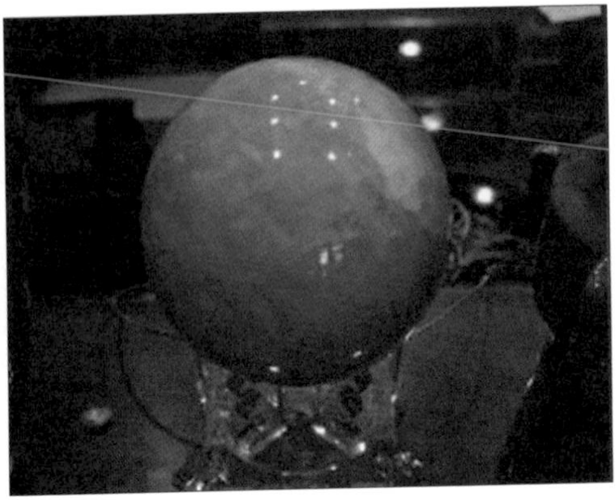

白晶簇：放置家中是鎮宅辟邪的守護石。對高血壓及腎臟疾病有助益。晶柱向四面八方放射可辟邪擋煞，能量隨時獲得補充，具自動充電、化解負能量的功能。水晶簇爲一能量淨化隨身的水晶寶石，更可防輻射。放在公司或家中財位一定又旺又發。

七星陣：把六個水晶柱或六個水晶球擺成兩個等邊三角型重疊狀，中央再放一個較大的晶柱或晶球而形成六角星狀，此種圖型即爲七星陣。中央的晶柱（或晶球）凝聚其周邊的六支晶柱（或晶球）的能量，將磁場效用發揮到

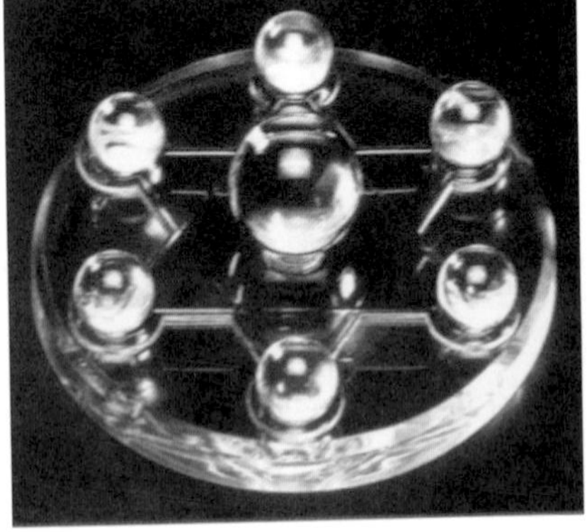

極限，擺在家中財位或氣旺之處，能助您「心想事成」。

紫水晶枕：可治療失眠，因用腦過多導致腦神經火，心思雜亂晚上久久無法入眠，或老年人氣虛而常失眠者，可以使用紫水晶枕。它能調適人體腦部松果體的運作，去除雜念，平穩情緒，而使人在平靜中漸入夢鄉。長期使用「開發智慧」，能使人變得更聰明，直覺能力越強。

天珠手鍊

沉香唸珠

魚，能得水，就是得地利。虎入山林，也是得地利。龍游淺灘遭蝦戲，虎落平陽被犬欺是爲失地利。故理想不能發揮，心願不能實現，有時萬事俱備，只欠東風，就差在那臨門一腳。

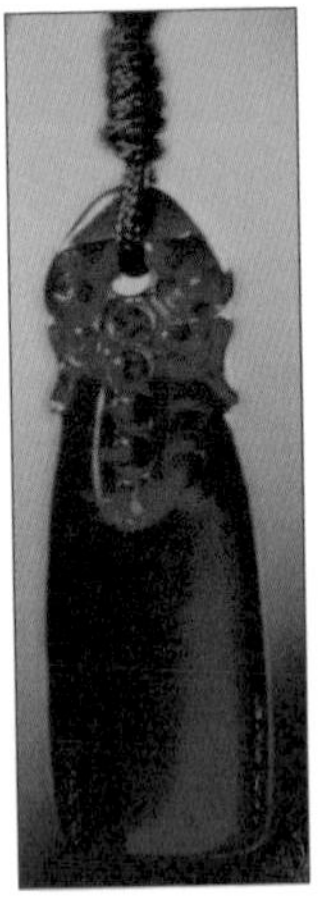

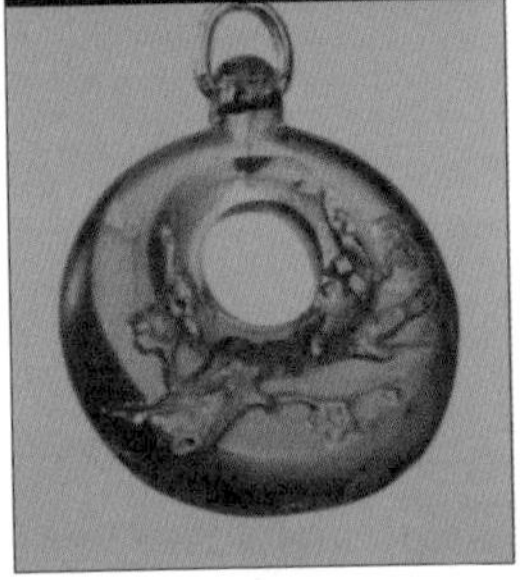

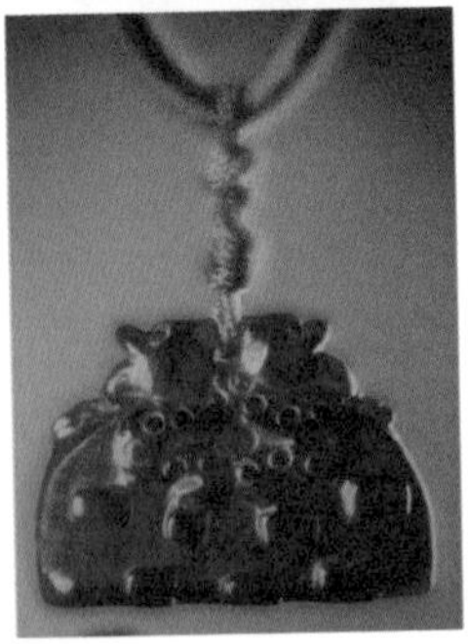

琉璃，名稱爲火山玻璃，美麗鮮艷而兼透明，結合藝術與民俗，寶石能量之轉換，包含各種色澤，五行俱足，能量活潑，帶來喜悅與流暢美感，依各人八字本命五行計算，根據喜忌神所屬配帶，有增加能量的作用。如八字缺火，取用火紅色的琉璃，可加強生命的動力，開發智慧，而達到事半功倍的效果。

玉玄門星相地理五術研究傳授服務中心

服務項目

一、命理諮詢解析（紫微斗數、子平八字、奇門遁甲、易經六十四卦合論）三、六〇〇元。
二、姓名吉凶鑑定一、二〇〇元。
三、嬰兒命名、諏改吉名三、六〇〇元～六、八〇〇元。
四、藝名、筆名諏取吉名六、〇〇〇元～九、六〇〇元。
五、商店諏名撰號六、〇〇〇、公司諏名撰號七、二〇〇元。
六、嫁娶擇日六、〇〇〇元。
七、男女合婚五六、〇〇元。
八、剖腹生產擇日一二、〇〇〇元。
九、開運名片設計六、八〇〇元。
十、吉祥開運印鑑塑造一對（一圓章一方章）九、二〇〇元。
十一、陽宅鑑定及旺財旺運速發富貴佈局一六、〇〇〇元。

十二、安神位及祖先牌位或旺財吉祥物之按座一六、〇〇〇元。
十三、商店行號旺財旺運成功速發佈局及鑑定三六、〇〇〇元。
十四、陰宅吉凶鑑定三六、〇〇〇元。
十五、公司旺財旺運成功速發富貴佈局及鑑定六〇、〇〇〇元。
十六、代尋眞龍穴營造富貴旺財旺運速發富貴生基佈局營造，另議。
十七、專點速發旺財旺運富貴眞龍寶穴營造祖墳、安葬、進金入塔撰位，另議。
十八、詳批終身流年，另議。
十九、開班傳授五術課程，另議。
二十、預約五術命理座談演講，另議。

服務處：新北市 22053 板橋區中正路二一六巷一四八號
電話：(02)2272-3095 ・ 00886-2-22723095
傳眞：(02)2272-1846 ・ 00886-2-22721846
網站：http://www.ccy22723095.com.tw
電子信箱：chang.lan@msn.hinet.net

中國五術教育協會理事

黃恆堉 著作

學八字，這本最好用

（附八字論命光碟）

看完本書，保證你一定會精準斷八字。

定價：300 元

學姓名學，這本最好用

（附光碟）

保證一分鐘得知姓名吉凶!!附贈價值 2000 元電腦軟体。

定價：320 元

學數字斷吉凶，這本最好

（附數字斷吉凶光碟）

史上最容易上手，最實用的命理書只要看懂中文字，隨時隨地都能上手。

定價：320 元

黃恆堉

◎吉祥坊易經開運中心負責人
◎右成企管顧問有限公司負責人
◎中國五術教育協會理事兼學術講師
◎中華風水命相學會學術講師
◎智盛國際公關有限公司專任講師
◎永春不動產加盟總部陽宅講師兼顧問
◎中華眞愛生命關懷協會常務理事
◎美國南加州理工大學 MBA（研究中）
◎國際行銷大學企業行銷班講師
◎中小學、大專、社團全腦開發兼任講師
◎緯來電視台天外有天粗鹽開運節目老師
◎大學社團、讀書會、命理與人際關係養成講師
◎各大壽險公司，命理行銷專題講師（1000个場）
◎扶輪社、獅子會、青商會、婦女會等社團命理講座
◎中信、住商、太平洋、信義房屋、面相陽宅開運法講師
◎著有：學姓名學，這本最好用
學八字，這本最好用
八字論命軟體一套
數字論吉凶隨查手冊一本
十二生肖姓名學 VCD 一套
開運名片教學 VCD 一套
開運印鑑教學 VCD 一套
奇門遁甲流手册及軟体一套
心想事成開運法 VCD 一套
手相速查手册彩色版一本

中華星相易理堪輿師協進會全國總會理事長

張清淵 著作

學擇日，這本最好用

（附光碟）

以分爲單位突破傳統，融合東西哲學與科學的運用。

定價：320 元

第一次學紫微斗數就學會

（附命盤光碟）

擁有本書，讓您30秒排出命盤，三分鐘解析運勢吉凶。

定價：320 元

張清淵

中華民國全國總工會　理事

中華五術社團聯盟總會　總會長

中華星相易理堪輿師協進會全國總會　理事長

中華道教清微道宗總會全國總會　理事長

中華民國關懷工傷者協會　常務理事

中華民國職業工會全國聯合總會　常務理事

台灣省星相卜卦堪輿職業工會聯合會　創會理事長

台北縣星相卜卦堪輿業職業工會　創會理事長

淡江、萬能、元智、華梵、第四屆全國大專院校等各大學易學社　專任指導教授

台視、華視、中視、民視、三立、超視、衛視、蓬萊仙山等有線電視節目　專訪主講老師

河南周易專修學院　名譽院長兼教授

重慶躍華塑膠集團　顧問

玉玄門星相地理五術研究傳授服務中心　負責人

玉宸齋有限公司　董事長

著作

神妙玄微紫微斗數

星座生肖血型全方位論命術

第一次學紫微斗數就學會

奇門三元七政天星綜合擇日電腦軟體

綜合姓名學軟體

發財開運實典（每年出版一本）

太上大道道德經參悟（善書歡迎助印）

中華象數預測集錦（上、下冊）

中國文史哲通鑑

學擇日，這本最好用

紫微八字姓名易經奇門星座綜合軟體

居家風水不求水、品頭論相 DVD 專輯

玉玄門綜合羅盤

學陽宅風水，這本最好用

周易道玄養生堂負責人

黃輝石 著作

活學妙用易經 64 卦

中國古老智慧，一生必讀經典。

定價：350 元

活學活用生活易經

輕鬆霑濡《易經》的博大精深。

定價：260 元

學會易經・占卜的第一本

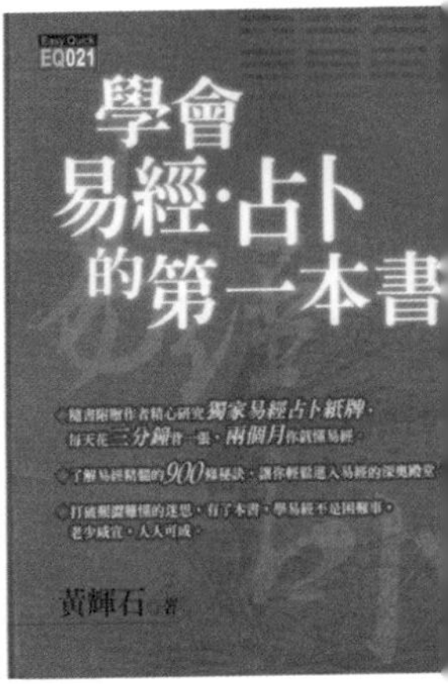

易經占卜最權威，最暢的一本書，引領您輕鬆入易經占卜的世界。

定價：300 元

黃輝石

◎祖籍台灣嘉義朴子，一九五八年生。

◎東方工專工管科畢業、中華道教學院研究生。

◎現任周易道玄養生堂負責人、中華道教學院易經講師、中華道教學院校友會第二屆會長。

◎早年興趣頗爲廣泛，研究過堪輿、紫、八字、姓名學、奇門遁甲、六壬神式、手面相、道教神學、易經卜卦等

◎人生志願：希望能研究出一套簡捷的法，讓易經生活化。

國家圖書館出版品預行編目資料

學陽宅風水，這本最好用／張清淵著.
－－初版－－ 台北市：知青頻道出版；
紅螞蟻圖書發行，2006〔民95〕
面　　公分，－－(Easy Quick：68)
ISBN 957-0491-73-6 (平裝)

1.相宅
294.1　　95009230

Easy Quick 68
學陽宅風水，這本最好用
作　　者／張清淵
發 行 人／賴秀珍
總 編 輯／何南輝
特約編輯／呂思樺
美術編輯／林美琪
出　　版／知青頻道出版有限公司
發　　行／紅螞蟻圖書有限公司
地　　址／台北市內湖區舊宗路二段121巷19號（紅螞蟻資訊大樓）
網　　站／www.e-redant.com
郵撥帳號／1604621-1　紅螞蟻圖書有限公司
電　　話／(02)2795-3656（代表號）
傳　　眞／(02)2795-4100
登 記 證／局版北市業字第796號
法律顧問／許晏賓律師
印 刷 廠／卡樂彩色製版印刷有限公司
出版日期／2006年6月　第一版第一刷
2019年12月　第三刷（500本）

定價360元　港幣120元

ISBN 957-0491-73-6　　Printed in Taiwan